# 立德树人的福建探索

## ——2018年福建省高校辅导员工作精品项目

主　编　王建南
副主编　陈晓风
编　委　修德茂　谢秋运　贾向云　林小芳

海峡出版发行集团 | 福建人民出版社
THE STRAITS PUBLISHING & DISTRIBUTING GROUP | FUJIAN PEOPLE'S PUBLISHING HOUSE

**图书在版编目（CIP）数据**

立德树人的福建探索：2018年福建省高校辅导员工作精品项目/王建南主编．--福州：福建人民出版社，2019.11

ISBN 978-7-211-08200-1

Ⅰ.①立…　Ⅱ.①王…　Ⅲ.①高等学校－辅导员－工作－研究－福建　Ⅳ.①G645.18

中国版本图书馆CIP数据核字（2019）第250588号

**立德树人的福建探索**

LIDE SHUREN DE FUJIAN TANSUO

——2018年福建省高校辅导员工作精品项目

---

**主　　编**：王建南
**责任编辑**：程顺祺
**出版发行**：福建人民出版社　　**电　　话**：0591-87533169（发行部）
**网　　址**：http://www.fjpph.com　　**电子邮箱**：fjpph7211@126.com
**地　　址**：福州市东水路76号　　**邮政编码**：350001
**经　　销**：福建新华发行（集团）有限责任公司
**印　　刷**：福州万达印刷有限公司
**地　　址**：福州市仓山区金山大道618号橘园洲工业园19号楼
**开　　本**：700毫米×1000毫米　1/16
**印　　张**：16
**字　　数**：220千字
**版　　次**：2019年11月第1版　　**印　　次**：2019年11月第1次印刷
**书　　号**：ISBN 978-7-211-08200-1
**定　　价**：50.00元

---

# 前　　言

国无德不兴，人无德不立。《大学》有言，“大学之道，在明明德，在亲民，在止于至善”，足见自古以来，立德树人就是中华民族的精神传承和不懈追求。

习近平总书记指出，基础教育是立德树人的事业，要旗帜鲜明加强思想政治教育、品德教育，加强社会主义核心价值观教育；高校立身之本在于立德树人，要坚持把立德树人作为中心环节，把思想政治工作贯穿教育教学全过程。这些重要论述，为我们准确把握“培养什么样的人、为谁培养人、如何培养人”这个根本问题，提供了遵循，指明了方向。总书记在视察福建时指出，“福建没有理由不把教育办好”。办好福建教育，首要就是全面贯彻党的教育方针，坚持立德树人，培养担当民族复兴大任的时代新人。

福建历来重视教育，崇文尚德蔚然成风，素有“东南邹鲁”美誉。近年来，省委、省政府牢记总书记殷切嘱托，始终不渝地把教育摆在优先发展的战略地位，全面深化教育综合改革，加快教育现代化。省委于伟国书记强调，“挺”教育就是“挺”未来、“挺”发展、“挺”民生，多次强调教育要为新福建建设提供人才支持和智力支撑。“才者，德之资也；德者，才之帅也。”堪为“人才支持和智力支撑”者，必然是“德才兼备”的高素质人才。有鉴于此，全省教育系统坚持以立德树人为根本，以理想信念教育为核心，以社会主义核心价值观为引领，以全面提高人才培养能力为关键，一体化、系统化、长效化推进中小学德育和高校思想政治教育工作。

一枝独秀不是春，百花齐放春满园。在各级党委政府的重视支持下，在各级各类学校的共同努力下，全省教育系统立德树人氛围日益浓厚、成效日益显著，一些工作日渐成为亮眼的品牌。为进一步交流学习、共同提升，省委教育工委、省教育厅采取项目化、品牌化运作模式，组织开展了“大学生思想政治教育创新示范项目”“高校辅导员工作精品项目”“高校校园文化建设优秀成果”“社会主义核心价值观教育案例”“中小学德育改革示范项目”等立项建设工作。在此基础上，结集出版“立德树人的福建探索”系列丛书，以期引领推动立德树人事业百尺竿头更进一步。

这套丛书，再现了全省高校思想政治教育、中小学德育工作者的实践探索和工作创新。这其中，既有聚焦课堂主渠道的教改项目，也有拓展第二课堂的育人举措；既有特色鲜明的主题教育，也有形式多样的网络思政；既有模式新颖的综合性项目，也有个性突出的特色性项目。细细品读，他们以生为本、春风化雨、润物无声的育人探索跃然纸上，令人欣慰、感动、温暖。衷心希望这套丛书，能给广大教育工作者以启迪，能给全省教育工作以鞭策，并以此进一步推动立德树人根本任务落细、落小、落实。

# 目　　录

## 理论武装



## 以文化人

## 实践育人

## 网络思政



## 管理服务

# 理论武装

# 基于“微思政”视角的马克思主义政治经济学读书会模式创新

福建师范大学

## 一、项目主题和思路

为深入学习贯彻习近平总书记关于“学好用好马克思主义政治经济学”系列论述精神，实施“青年马克思主义者培养工程”，进一步继承发扬经济学院作为“我国南方坚持马克思主义政治经济学教学与科研重要阵地”的优良传统，引导青年学生将马克思主义的精神内涵内化于心、外化于行，做坚定的马克思主义学习者、研究者和传播者，经济学院政工干部协同专业教师，以高水平政治经济学师资队伍、国家级重点教学基地——福建师范大学国家经济学基础人才培养基地、国家级人才培养模式创新实验区为依托，于2016年9月成立马克思主义政治经济学读书会（下简称“读书会”）。截至2018年5月，读书会已经成功举办了12期活动。

“微思政”是指发挥“互联网＋”的创新驱动作用，利用新媒体平台统筹线上线下两条渠道，将思想政治教育落到实处、落到细处，使思想政治教育贴近生活、贴近学生。读书会在活动举办过程中高度重视发挥“微思政”作用，将“微思政”理念融汇到学好用好马克思主义政治经济学实际行动中，以“线下教学，线上总结，师生交流，成果联动”为原则，开展富有学科特色、具有思政属性的学习分享活动，既指导青年学子从马克思主义政治经济学视角剖析现实经济问题，为深入理解马克思主义基本原理提供学习平台，又促进青年学子自觉学习马克思主义，为建立学习常态化制度化机制提供有力保障。引导学生在学习中受教育、在交流中立品德，从而摸索出一条时代感强、识别度高、实效性好的辅导员与专业教师协同育人新路径。

## 二、实施方法和过程

在为期一年半的实践中，在经济学院政工干部和专业教师的悉心指导下，读书会始终坚持立足“微思政”理念积极开展探索，以“三微三新”为切入点，充分利用网络便捷性优势，在培养青年学子真正学通弄懂马克思主义上下足气力、做好功夫。

（一）聚焦理论学习微主题，适应思想政治教育新形势

一是始终坚持将“学好用好马克思主义政治经济学”作为指导思想并全面贯彻到活动中。主题是活动精华的萃取。读书会历期活动主题均紧紧围绕指导思想制定，涉及马克思主义经典文本、中西马克思主义异同比较、当代马克思主义发展趋势与马克思主义的实际价值等多方面，由小及大、由浅入深，使读书会真正成为师生学习探讨马克思主义的重要平台。二是始终坚持适应新形势不断创新改进学习交流方式。“互联网+”时代思想政治教育必须要因时而进、因势而新。读书会活动并不拘泥于传统的线下形式，而是通过在多个网络平台发起学习心得交流话题、共享教师讲学视频等方式，广泛开辟“第二课堂”，赋予学生学习主动权，让学生随时随地都能身处学习一线。

（二）服务青年学生微主体，打造网络思想引领新体系

一是发挥专业教师的指导性。每期活动由辅导员邀请专业教师开设主题讲座，并整理授课内容形成书面文字发布在博客等网络平台供学生学习，从而引导学生加深思考，对相关问题形成专业见解。二是激发学生的自主性，鼓励引导学生利用社交媒体发布学习马克思主义政治经济学心得体会，定期召集读书会成员举行学术沙龙进行充分交流，进一步营造学生自主讨论学习氛围。三是提升师生交流的协调性。读书会着力构建师生线上联系机制，加强师生交流沟通，一方面由辅导员和专业教师通过微信群、邮件等方式定时发布书单、学术论坛等相关信息，另一

方面由学生定期向老师反馈感兴趣的内容与方向，以作为读书会的学习讨论主题。

师生在读书会上充分沟通交流

（三）统筹线上线下微战线，构建育人成果联动新机制

读书会通过微博、微信、QQ空间、喜马拉雅电台等网上自媒体、社交平台，构建多层次、宽口径的宣传阵地，扎实推进线上线下“教学互补、成果联动”。一是将线下活动线上再深化。读书会每期活动均在微博、微信、青年之声、易班等社交平台上发布预热宣传、报道总结、提炼拔高，组织学生在相关话题下留言发表体会、交流心得，进一步扩大活动影响力。二是将线下活动线上项目化。读书会将所办活动与校易班立项、团支部立项等结合，发动同学广泛参与，充分整合资源，形成规模效应。三是将线下活动线上产品化，读书会根据线下活动主题积极创作各类网络文宣产品，以学生喜闻乐见的形式达到寓教于乐、沁人心脾的目的。四是将线上线下投入实际成果化。鼓励学生将在读书会上的思考收获凝练成学术创新点，以此为基础参加课外科技创新竞赛、申报课题立项、发表论文等，形成成果联动。

## 三、主要成效与经验

### （一）主要成效

读书会成立一年半以来，通过“微思政”模式在宣传创作、人才培养、学术科研等多方面取得佳绩，形成“五个一”良好局面。

一是构建一个网络思政阵地。读书会相继在微信、微博、QQ空间、易班、青年之声、喜马拉雅电台等自媒体和社交平台开通了一系列主体账号，用以发布动态、开展线上学习交流。辅导员分别指导相应平台运营，目前已初步形成覆盖面广、学术味浓、贴近性强的网络思想政治教育阵地。

二是创作一批优秀文宣作品。辅导员注重引导读书会成员将读书会上所学所想积极化为原创作品，进行了一系列新颖有效的学习马克思主义、传播马克思主义系列宣传活动。比如，2018年5月4日，在纪念马克思200周年诞辰之际召开座谈会，并于会后在微信、微博、喜马拉雅电台等多媒体平台上推出朗诵作品《共产党宣言》经院版，获得听众的一致好评；由政工干部指导、读书会成员参与的团队在省委宣传部、省委教育工委、省文联等有关部门共同举办的“学习贯彻十九大精神·我们迈向新时代”主题征集评选活动中，以《小葵说十九大简笔画视频》荣获主题融媒体作品组三等奖。

三是培养一批先进模范个人。在读书会活动的推动下，读书会成员始终致力于将马克思主义精神内涵内化于心、外化于行，涌现出一批学习马克思、宣传马克思的先进个人和集体。其中，在2016—2017学年，陈若芳等6名读书会成员被评为校“自主学习马克思主义理论先进个人”，读书会依托的2015级经济学基地班被评为校“自主学习马克思主义理论先进集体”。2017年11月2日，读书会成员朱劲涵同学作为全省高校唯一的本科生代表参加了在福建农林大学召开的由时任省委常委、宣传部部长高翔与省内高校领导和师生代表参加的“高校师生共话十九大”座谈会并做发言。

读书会举办纪念马克思200周年诞辰座谈会

读书会成员参加“高校师生共话十九大”座谈会并做发言

四是产出一批学术科研成果。读书会成员积极将活动中的所学所想上升到理论高度、提炼成具体理论问题进行探讨，并以此为基础形成大量学术科研成果。读书会成员累计发表论文10余篇，其中在学校认定的B类刊物上发表论文1篇、在中国社会科学引文索引来源期刊上发表论文2篇；积极参与“挑战杯”课外学术科技作品竞赛等高水平赛事，获国家级三等奖1项、省级二等奖1项；在对外学术交流中也取得佳绩，多人次在中国马克思主义政治经济学青年论坛、中国特色社会主义政治经济学（本硕博）西部论坛等高水平青年学子论坛上获奖，还有论文作品入选2017年全国高校社会主义经济理论与实践研讨会第31次年会。

五是形成一套成熟运行理念。经济学院在如何整合辅导员队伍与专业教师资源、如何将线下活动开展与线上提炼宣传相结合方面精准施力、久久为功，总结出“两个主体联动，线上线下一体，宏观微观并行”的活动举办理念。一方面，辅导员作为活动举办的指导者负责提高活动的吸引力和实效性，专业教师的积极参与和认真指导提高了读书会的专业性和学术性；另一方面，线下举办活动是线上交流总结、激发学生热切讨论的基础，线上宣传提炼是线下深入学习的延续；与此同时，学习马克思主义、传播马克思主义是宏观层面的必然要求，从微思政入手、立足于网络平台辐射受众是微观层面的具体措施。

（二）主要经验

高校的立身之本在于立德树人。思想政治教育是当前高校育人工作中极为重要的组成部分，事关培养社会主义事业建设者、接班人的重任，需要在不断实践中创新发展、总结经验中提高亲和力、针对性、实效性。读书会基于为期一年半的摸索和成效，立足“微思政”模式，提炼出“三个注重”原则。

一是思政教育要注重微切入点与高立意并举。思想政治教育只有以接地气的方式从细微处入手、避免空谈大道，才能有沁润人心的吸引力、感染力。当前时代背景下，“微思政”模式是将思想政治教育落细落小落实的现实路径与必然选择。“微思政”能够利用网络传播的具象化、碎片化特征，为思想政治教育的日常化、具体化、生活化提供切实可行的着力点，将客观理性的分析和思考用浅显、时尚的话语代替冗长晦涩的说教表达出来，由小见大弘扬主旋律，做到“微言大义”。

二是思政教育要注重教育供给与学生需求相匹配。当下信息传播的便捷性和即时性让传统的思想政治教育内容稍显滞后，传统教育内容已与学生需求不相匹配。因而，思想政治教育供给要主动对接学生需求，以学生为本，做到因时而新、因事而异。“微思政”模式能够最大限度利用网络资源，把握学生价值取向和思维方式并反馈给教师，使书本知识点与学生兴趣点相结合，从而教师能够及时更新教授内容与思路，以学生喜闻乐见的形式输出思想政治教育内容。

三是思政教育要注重教师引导与学生主观能动相结合。青年学生是最有朝气最有创造力的群体，对于喜爱的内容，只要教师稍加以引导便能带动其自身主动钻研并推广普及，在学生群体内形成扩散效应。“微思政”能够利用网络社交功能帮助学生迅速建立共同兴趣圈子，成立学习小组，最大限度发挥学习热情，从而推动思想政治教育完成从“要学”到“想学”甚至“乐学”的转变。

## 四、下一步加强和改进计划

马克思主义理论不仅是穿越时空的致敬，更是植根当下的创新。基于新时代下“微思政”面临的机遇与挑战，经济学院政工干部将继续协同专业教师认真加强对读书会的指导，积极推进“四再四化”建设，让更多的青年学生走近马克思，真正掌握马克思主义精髓，让“理想之光不灭，信念之光不灭”。

### （一）网络教育内容再丰富，促进活动创新化

“互联网＋”时代下，教学与网络接轨已成为一种趋势。读书会将加快转变学习形式，建立马克思主义理论研究，把马克思主义理论内容制作成生动有趣的漫画、视频、微电影等创新作品，精心策划契合青年学生心理诉求的活动，开辟一批新型网络教育基地，开展线上线下有机结合的网络文化节系列活动。一方面，要继续发挥互联网的交互作用，加强师生之间的思想交流，激发学术共鸣；另一方面，要在线下突出重点问题的讲解与讨论，提高教学效率。通过加强线上线下两方面建设，使原本枯燥乏味的教学以更具立体感的形式呈现在学生面前，从而使学生认识到“学好用好马克思主义政治经济学”的必要性。

### （二）宣传引导力度再加大，推动受众广泛化

新媒体是人们生活中不可缺少的重要组成部分，管住用好网上自媒体、社交平台宣传阵地，是进一步扩大马克思主义影响范围的有效途径。

一是要通过打造高质量的官方微博和官方微信平台，形成校园意见领袖，积极转发展现马克思主义精髓的文章，辐射更多同学共同学习马克思主义，使官方微信、微博成为弘扬主旋律的旗帜标杆。二是要牢牢守住线上、线下双战线，活动前在平台上发布活动信息，吸引学生积极参与，活动后设置讨论微话题，提高活动的参与度和影响力。三是要进一步打响“读书会”品牌，以点促线，以线带面，吸引更多青年学子加入到学习马克思主义理论的征程中来。

（三）理论教育战线再延伸，加强学习渗透化

一是提高微信公众号等自媒体的运营效率，及时发布一些前沿研究动向、教师研究观点，以及学生学习心得。二是构建以辅导员、思政教师、网络技术人员为主体的专业队伍，引导学生在网络平台上发表意见，确保师生能够随时随地进行沟通交流，实现马克思主义政治经济学的教学与网络新媒体应用的深度融合。三是加强培育学生零存整取式新建构主义学习观，利用各类网络平台突破时间地点限制，提高学习效率，加强主旋律思想渗透，加深学生对马克思主义的理解，达到厚积薄发。

（四）对外交流机制再完善，凸显成果共享化

一是充分利用国家经济学基础人才培养基地的有力依托，建立经典著作文献及优秀文宣作品等信息网络数据库，形成聚合效应。二是以新媒体为媒介，开辟网络专栏，积极推进学术科研交流、学习经验分享、学习成果展示，构建高校间的“网络对话”机制。三是全方面搭建高校交流平台，促进各大高校交互联动，推动资源成果共享，让更多学生接触到正能量作品，凝心聚力掀起一股马克思主义学习热潮。

**项目负责人：**张清国

**成　　员：**许　琛　杨顺昌　陈忠生　卓宽裕
张　翼　肖亦聪　朱国鹏　魏　民

# 践行辅导员岗位职责，筑牢大学生思想教育阵地

厦门理工学院

习近平总书记指出："人才培养体系涉及学科体系、教学体系、教材体系、管理体系等，而贯通其中的是思想政治工作体系。加强党的领导和党的建设，加强思想政治工作体系建设，是形成高水平人才培养体系的重要内容。要坚持党对高校的领导，坚持社会主义办学方向，把我们的特色和优势有效转化为培养社会主义建设者和接班人的能力。"

当今社会复杂多变，国内外各种错误思潮严重冲击大学生思想。坚守高校思想教育阵地，引导当代大学生按照党的要求健康成长，是全国高校开展思想政治教育的根本任务。辅导员是高校思想政治工作队伍中的一支专门力量，是大学生思想政治教育工作一线的教师，担负着高校学生思想政治工作的重要任务。因此，掌握高校思想政治工作主导权，筑牢大学生思想政治教育阵地，保证高校始终成为培养社会主义事业建设者和接班人的坚强阵地，是当代中国高校辅导员做好大学生思想政治教育的首要任务。

## 一、项目主题与思路

大学是立德树人、培养人才的地方，是青年人学习知识、增长才干、放飞梦想的地方。厦门理工学院计算机与信息工程学院辅导员以学生党支部为抓手，以学生党员和主要学生干部为骨干，搭建年级晚自习平台，利用每周晚自习时间开展时事热点教育、党的理论知识宣传学习以及专业知识学习经验分享交流和答疑帮扶；定期组织班级开展时政热点和党的理论知识学习交流主题班会。

守住思想政治教育主阵地。利用晚自习平台，结合学生日常思想政治教育从政治、经济、民生、校园等多视角深入学习习近平新时代中国特色社会主义思想，让同学们更立体地了解时事、更真实地把握时代脉搏。高校辅导员的共同使命就是守住大学生思想政治教育阵地，培养社会主义建设者和接班人。

强化“四个自信”。我院辅导员积极组织晚自习平台，开展时事热点和党的理论知识学习，通过“进年级、下班级、入宿舍”三级学习模式，构建全方位、立体化、多层次的思想政治教育工作体系，让学生都能主动参与学习、讨论时政热点、国家大政方针以及党的理论知识，着力夯实思想引领的工作基础，拓宽他们的视野、提高其辩证思维能力、独立思考能力。更重要的是，通过系列学习强化每个学生的道路自信、理论自信、制度自信和文化自信，培养德智体美劳全面发展的社会主义建设者和接班人。

追梦者和圆梦人。结合专业知识学习，以各年级支部党员为骨干组织班级学习帮扶小组，搭建晚自习学习交流平台，邀请学长学姐进行学习经验交流分享（答疑解惑、学科竞赛宣讲、期末复习动员、期末模拟考、试卷讲评等）；支部党员主动带领入党积极分子组建学科竞赛小组，动员班级同学参加各类学科竞赛，发挥支部党员的“传、帮、带”作用。结合班级团支部开展“一帮一”帮扶，做到党员、入党积极分子恪守奉献显优秀，班级同学强化学习求先进，切实做好党建带团建工作，充分发挥党员的先锋模范带头作用。着重提高 2016 级全体学生专业素养和实践创新能力，全面提升学生的综合素质，从而更好地让学院全体同学在圆梦的奋斗中释放青春激情、追逐青春理想，以青春之我、奋斗之我，为民族复兴铺路架桥，为祖国建设添砖加瓦。

## 二、实施方法与过程

为了更好地践行辅导员岗位职责，筑牢大学生思想教育阵地，从 2017 年起，学院各年级分管辅导员以学生党支部建设为主抓手，积极组

学院党员、学生干部收看党的十九大开幕式

织搭建学院晚自习平台，提高学院学习氛围，并利用晚自习平台，将时政热点、党的相关理论学习和专业知识学习相结合，组织开展统一的学习交流。从年级党支部、班级、宿舍三个层面扎实开展有主题思想政治理论学习，筑牢思想教育阵地，塑造德才兼备的新时代大学生，全面提升学生综合素质，并充分体现党支部的战斗堡垒作用和大学生党员先锋模范作用。

学院2017级新生开展素质拓展训练

（一）抓好思想政治教育核心阵地：成立各年级党支部时事理论学习组

年级党支部是大学生思想政治工作的核心阵地。各年级支部全体党员和入党积极分子组成时事理论学习小组，统一安排每周学习内容，组织班级党员、入党积极分子进行宣讲培训、备课，利用晚自习最后半小时进行集中学习。专题内容包含党的理论知识以及国内外重大时事、本地热点新闻等。此外，支部党员还对“防毒、防骗、防邪教教育”“校园贷”风险防范等作了讲解。

学院辅导员在抓好思想政治理论学习的同时，还组织学生开展专业知识的学习交流。依托各年级党支部党员和团委学生会学生干部为骨干组织班级学习帮扶小组，以晚自习学习交流为平台，开展了课后答疑解惑、学科竞赛宣讲、期末复习动员、期末模拟考、试卷讲评等一系列活动；做到党员、入党积极分子、学生干部恪守奉献显优秀，班级同学强化学习求先进。从而更好地将自己追梦的激情和理想，融入实现伟大复兴的中国梦之中。

学院学生干部深入学习习近平总书记在北京大学师生座谈会上重要讲话精神

（二）抓好思想政治教育主阵地：成立班级党章学习小组

班级是大学生自我教育、自我管理、自我完善的主阵地，2016级学生支部以班级党员为骨干，组织班级通过时事热点讨论学习，筑牢班级思想政治主阵地，每次讨论都由不同同学主持，紧密结合当下时政热点，鼓励班级同学畅所欲言。支部书记和班级党员做有针对性的引导，让每个同学都能成为时政热点、党的理论知识等学习讨论的主角，从被动灌输变为主动思考。经过一年多的运行，党章学习小组逐渐形成以班委为组织核心，采用学生喜闻乐见的形式，大大地提高了同学们的积极性、主动性。同学们相互学习、自我教育，交流探讨，充分激发了同学们自我教育、自我锻炼的主体意识，帮助学生认清国内外形势发展，引导大家做社会主义核心价值观的坚定信仰者、积极传播者、模范践行者。

（三）抓好思想政治教育基础阵地：成立宿舍学习讨论小组

宿舍是学生学习生活的重要场所，是对学生进行思想教育的基础阵地。基于此，学院辅导员将时事热点和党的理论学习讨论引入宿舍，占领宿舍这个大学思想政治教育的制高点，丰富大学生的宿舍文化生活，也能更好地将辅导员进宿舍得以落实，引领青年学生成长成才。

学院辅导员依靠每个年级的学生党支部，组织党员对口联系宿舍，和宿舍舍长一起，组织宿舍学习最新热点新闻、历史要闻、政治、经济、教育或者专业知识交流等方方面面，在宿舍成员间形成一起学习、一起进步的良好氛围，互相引导和督促，提高学生的学习动力和社会责任感，最终提升每位学生的综合素质，更好地为实现中国梦奉献自己的力量。

## 三、主要成效及经验

### （一）主要成效

学院辅导员通过开展筑牢支部核心阵地、班级主阵地和宿舍基础阵地三个思想政治学习阵地，组织学院同学系统学习了党章党规、党的十九大精神和习近平新时代中国特色社会主义思想，促进学院同学们更立体地了解我国社会主义教育就是要培养社会主义建设者和接班人，全院学生没有出现任何思想教育、意识形态方面的问题。

以学生党员、团委学生会干部为骨干的“年级、班级、宿舍”三级思想政治教育模式，能促进学院学生主动参与学习和讨论国家的时政热点、国家大政方针、党的理论知识，拓宽他们的视野，提高其辩证思维能力、独立思考能力，强化每个学生的道路自信、理论自信、制度自信、文化自信。

思想的提升，也进一步促进学院同学明确学习目标，提升学习兴趣，各班班风、学风也得到了较大提升。2016 级测绘工程班进入校级五星文明班级总决赛。文明宿舍创建率 100％，合格率 100％。2016 级高数合格率 92.67％（全校第一），其中，计算机类 1 班、2 班两个班的高数合格率达到 100％（学校历史第一次）。2017 级高等数学在保证及格率的同时在优良率上实现质的提高，2017 级全体高数优良率达到 50％，其中 2017 级计算机类 4 班高数优良率达到了 80％。2017 年学院学科竞赛获省级奖项 112 人次，获得国家级奖项 128 人次。

一年来，通过团队辅导员的共同努力，既发挥了党支部大学生主体的能动作用，又发挥了班级学生干部的自我教育管理和服务的引领作用。围绕学生、服务学生，不断提高学生思想水平、政治觉悟、道德品质、文化素养，让学生成为德才兼备、全面发展的人才。通过学院各年级辅导员的共同努力，逐步摸索出了一条可推广、可复制的筑牢大学生思想教育阵地，促进当代大学生“四个自信”的提升，更好地发挥大学生党支部的战斗堡垒作用和党员先锋模范作用。

（二）主要经验

1. 通过团队的一同努力，搭建晚自习平台，开展时政热点、党的理论知识学习，给予学生更多参与思想政治教育的机会。多渠道的时政热点、党的理论知识学习给予学生充分学习讨论的机会，让学生“置身”于党的理论学习和新闻事件之中，用更加生活化的语言，表达自己的观点和立场，提高了学生的积极性，给予学生更多展示自己的机会，培养和锻炼他们学习的自信心。

2. 善于利用班级的自我教育、自我管理功能。时事热点、党的理论学习之班级讨论会充分挖掘了班委的潜能，班级同学在班委的带领下，结合班级实际工作，把时事理论学习和专业学习交流融入学校文明班级创建和“两课”的日常工作落实中，激发了全班同学的主人翁意识，提升了班级凝聚力和战斗力。

3. 通过时事理论与专业知识的学习交流，让学生更好地认识世界、认识自我，更好地结合所学专业做出合理的人生规划。

4. 重视大学生生活区、学生公寓的思想政治教育工作。时事理论学习之宿舍交流会占领学生宿舍这个思想教育的阵地，掌握学生思想动态，形成良好的宿舍文化氛围。一间小小的宿舍，缔结的不仅是四年的光阴，还有舍友共同建立的难舍情缘和青春誓言，通过相互交流、思想碰撞，把宿舍打造成思想引领的重要阵地，进一步巩固思想政治教育的成效。

## 四、下一步加强和改进的计划

（一）成立学院宣讲团，形成学院长效机制

依托学院团委学生会的骨干力量，分别成立时政热点宣讲团、党的理论知识宣讲团、学科竞赛宣讲团，并由团队辅导员分工负责。针对不同的年级，每周安排好相应的主题宣讲活动，特别是针对2018级新生，结合新生入学教育，做好学生安全教育和思想教育，促进大一新生坚定理想信念。增强四个自信，提高学生爱国爱校意识，提升院风、学风水平，促使新生在大学生活中展现昂扬向上、拼搏进取的精神风貌。以此形成学院学生思想政治教育的长效机制，践行辅导员工作职责，筑牢大学生思想教育阵地。

（二）走出校园开展志愿服务活动，提升大学生服务奉献意识

青年志愿服务活动作为高校思想政治教育的重要载体，对于促进学生党员在实践锻炼中提升服务意识和奉献精神有着很强的针对性和实效性。团队辅导员下一步将在前期开展的时政热点学习和党的理论知识学习基础上，结合学生的专业特点开展进社区电脑义诊志愿服务，积极组织暑期三下乡活动等志愿活动。学院将志愿服务贯穿于大学生培养的始终，为青年学生在个人发展道路上实现自我锻炼、自我教育、自我提升导路引航。

（三）结合时政热点、党的理论知识学习，以及学生专业学习特点和个人发展需求，开展大学生职业生涯规划

当前高校思想政治教育普遍存在以下弊端：只重理论灌输和纸面论证，形式单一，缺少实践运用与引导；教育内容空泛，没有贴合学生个人发展的需要。职业生涯规划指导作为思想政治教育的重要环节，它关注大学生成长过程中的个性化需求、特点、引导个人与社会的融合，形式灵活多样，贴近青年和社会发展的现实。因此，利用职业生涯规划指导的优势，关注学生的个性化需求、职业发展和时代特点，将崇高的政治理想、道德观念和宏观的世界观、人生观、价值观与当下的社会实情、

学生的个体关注紧密联系，寓理于事、于实，可以更好地增强思想政治教育的针对性、实效性和吸引力、感染力。

团队辅导员长期积极主动参与大学生职业生涯规划指导培训，具备面向全院学生开展统一职业生涯规划的基础。因此，根据项目计划，团队将在前期的思想政治教育基础上，针对学院不同年级学生开展阶段性的学涯、职涯规划指导，探索思想政治教育与职业生涯规划指导相结合的教育模式。

**项目负责人：**梁文杰

**成　　员：**路明虎　杜　伟　彭　倩　黄铭杰　何梅龄　卢巧巧

# “一个阵地，全方位发展”创青春团总支

## ——活力青春团总支的创建和探索

福建警察学院

党的十九大报告指出，“要以培养担当民族复兴大任的时代新人为着眼点”。这一重要论断，深刻回答了“培养什么人、如何培养人”的根本问题。青年一代是国家的未来，只有不断增强责任感，才能担当时代大任。要想成长为国家栋梁之材，既要读万卷书，也要行万里路。因此，新时期引导大学生自觉培育和践行社会主义核心价值观，既要有深入系统的课堂教学，也要有生动活泼的实践载体。

福建警察学院公管二大队（以下简称“公管二大队”）以立德树人为基本导向，围绕学校警务化管理的特点，结合大队实际，抓好“一个阵地”的建设，发挥团总支的引领作用，促进学生“全方位”的发展。创新人才培养模式，落实拔尖型、创新型、复合型、专业型“四型”人才培养目标，强自身，树新风，展现出了当代大学生的蓬勃朝气与青春活力，充分发挥了基层团总支的战斗堡垒作用。

### 一、项目主题与思路

本项目立足于公管二大队团总支建设，旨在通过该项目发挥团总支的战斗堡垒作用，打造一支“有凝聚力、服务青年”的团总支。通过将“德”融入每个项目的实施过程中，融进学生的心里，做到全方位、全过程育人，增强了团总支的凝聚力和活力。

福建警察学院的八字校训，即“忠诚、勤奋、严谨、求实”，是警院人的灵魂。本项目积极探索大学生德育工作新途径、新方法，探索以大队团总支为主要阵地，着力打造一支“有凝聚力、服务青年”的团总支。

通过提升团总支活力点燃大队学生青春梦想，引导学生做好大学四年规划，更好地发挥大队团总支阵地的作用。

## 二、实施方法与过程

德育过程是一个通过各种教育活动对人施加影响的过程，在学生管理工作中尤为突出。公管二大队团总支结合当下就业实际和社会需要，将新时代、新媒体、新形式贯穿于大队团总支的各项工作和活动。

（一）加强团建工作，提升团总支的整体战斗力

公管二大队团总支始终以马列主义、毛泽东思想、邓小平理论、“三个代表”重要思想、科学发展观以及习近平新时代中国特色社会主义思想作为指导方针，定期组织团员认真学习党的路线、方针、政策及党的最新理论成果。通过开展学生们喜闻乐见的团日活动，让团日活动走入团员的心坎里。

团总支作为主要阵地，搞好建设主要从干部队伍建设、团风建设、组织管理等方面着手，发挥团总支“领头羊”的作用，增强团总支的凝聚力。在队伍建设方面，公管二大队团总支于每年新学期开始进行换届选举。以老带新的方式让新成员尽快熟悉相关岗位的工作，使组织焕发新的生机和活力；在干部培训方面，通过组织党、团校培训，提高学生干部和入党积极分子的思想政治水平；在人员发展方面，始终坚持实行党、团员发展接受学生的评议监督制度；在日常管理方面，扎实推进“一个阵地”的组织建设，切实加强团队战斗力，保持团总支的先进性。在落实“三会一课”的同时，团总支在每月第四周的周一组织集体学习，大队老师参与共同学习，不断完善和改进团队的不足。

（二）搭建活动舞台，强化第二课堂育人作用

公管二大队团总支以学生为主体，调动学生的积极性，激发学生的青春活力，为同学们打造一个轻松而有意义的大学生活。大队购置一批体育器材，积极开展趣味健身活动；在中秋节、冬至之际组织各团支部同学集体过节，集体包饺子、搓汤圆；为了增强辅导员与团干之间的凝

分列式军训集体照

聚力，团总支组织了集体上山采茶活动。

兴趣是最好的老师，团总支组建“太极剑舞”健身气功队，学生踊跃报名。在警体部黄晓鹏老师的指导下，学生积极投入，认真学习太极剑姿势和动作要领，极好地发挥了第二课堂的育人作用，成为校园一道靓丽的风景线。

在提升社会实践能力方面，为完成学院派予的共建任务，学生党员及区团干争先到仓山小学为该校三、四年级学生进行军训。出征前，军训教官曾多次自行组织训练活动，不断提高自身的队列动作与军事素养，得到了仓小师生的高度肯定。在参与第八届国际警务实战论坛和外警培训班的志愿服务活动中，公管二大队学子始终保持良好的精神风貌以及严谨认真的工作作风，出色圆满地完成各项工作任务并得到学院领导的肯定和表扬。

（三）提升创新能力，培养学生创新创业意识

近年来，随着我国社会经济的飞速发展，市场经济要求大学生具备

野狼队挑战四米高墙

趣味运动会

系篮球赛

义工采茶活动

共建风采照

更强的创新实践能力。大队深入学习贯彻习近平总书记重要回信的精神实质和丰富内涵，辅导员以立德树人为根本目标，加强大学生创新创业

太极剑舞表演

教育。大队团总支积极动员同学参加创业创新训练项目、"互联网+"大学生创新创业大赛，以赛促教、以赛促学，坚持竞赛与教学指导相结合，提升创新实践能力，激发大学生创新创业热情；先后组织一批团干到福建农林大学、福建江夏学院等高校考察大学生创业创新基地的建设情况，通过交流，借鉴经验，得到创新思维的锻炼。

（四）开展志愿服务，提升学生服务社会能力

党的十九大报告提出"中国特色社会主义进入了新时代"，要"把人民对美好生活的向往作为奋斗目标"，"推进诚信建设和志愿服务制度化，强化社会责任意识、规则意识、奉献意识"，这是对志愿服务发展的新要求、新期望。公管二大队先后组织党、团员青年志愿者服务队开展各类活动并得到了社会各界的广泛认可，取得良好成效。例如，组织大队优秀学生参加首届"数字中国"志愿者活动，在志愿活动中同学们积极参与，表现优秀，受到了学院师生的一致好评，成功展现了学院的独特风采。在培育学生的忠诚教育和志愿服务方面，团总支结合校外考察交流的形式，通过实践将理念入心入脑。在与福建省简单助学公益协会的考

外出考察创新创业基地

察交流活动中，学生深受简单助学“忠诚国家、服务社会、团结友善、好学实干”信仰的感染，在进一步培养了学生爱国爱党的精神的同时，也进一步提高学生服务社会的能力。

### 三、主要成效及经验

#### （一）主要成效

2016 年至 2018 年，公管二大队团总支获得公安厅级以上嘉奖 58 人

数字中国志愿者服务

次，立功1人。公管二大队团总支获得国家级奖项1项、省级4项、院级13项、系级1项、其他奖项1项。2015年，公管二大队大队长张苏同志因工作成绩优秀突出获学院嘉奖；2016年，副大队长李梦璐同志因工作成绩优秀突出获学院嘉奖。

（二）主要经验

1. 坚持团总支为中心，全方位开展实践活动。重视团总支的核心骨干地位，发挥其在团结团总支成员、增强团支部凝聚力方面的作用，尽可能使活动内容覆盖到学生学习生活的方方面面，以激发他们的参与热情，调动同学们工作的积极性，从而使活动的开展更有意义，还提高了同学们的工作能力。

2. 改进人才技术培养，加强学习实践交流。交流学习，是促进工作完成和提高工作效率的最好方法。在引导团建的过程中应积极利用可利用的资源，将资源整合充分利用。积极借鉴兄弟院系的好经验、好方法，以他山之石，攻己之玉。借鉴吸收其他团队与集体的优秀经验，不仅能够提升团总支人才素质，更能够改进团总支工作方式。通过加强学习实践交流来提升团总支各方面素质。

3. 把握中央精神，树立服务学生理念。党的十九大报告中一系列关于青年事业、教育事业、就业质量、科学创新等的阐述，互相串联、相辅相成，构成了一个完整的工作体系。落实到高校辅导员来说，要树立服务学生的理念，抓住大学生培育“一进一出”这两个关键，“进”是入学后的思想教育，“出”是就业创业教育。在工作中贯彻中央精神，秉承服务学生理念，让学生乐于学习，在学习中塑造自我。

## 四、下一步加强和改进的计划

（一）进一步完善团总支的就业服务

公管二大队的行政管理专业是普通类专业，多数学生毕业需要自谋就业。因此，进一步完善团总支的就业服务对于大队毕业生是十分重要的服务工作。通过对学生公考的培训、引进各大小企业合作项目、鼓励在校学生自主创新创业等项目贯彻落实，积极完善毕业生就业服务机制，以促进公管学子更好地提升自身能力，拥有更多的就业机会，促进毕业生顺利就业。

（二）进一步加强团总支阵地建设

作为本项目的核心力量，团总支通过一系列措施的实施，取得了明显的成效。阵地建设在项目实施过程中起了十分关键的作用，下一阶段，仍应充分发挥团总支的核心力量与骨干作用，不断总结工作中所获得宝贵实践经验，重视增强团队各方面建设，努力完善团队的工作机制，以更好地在培育学生与大队建设等方面发挥“有凝聚力，服务青年”团总支的积极作用。

**项目负责人：** 张　苏

**成　　　员：** 张　斌　李梦璐　魏文强　张振山　寇德钦　赖煌坤　陈佳艺　杨可航　董洁玲　陈泽彪　陈耀智　叶珠红　许锦镔　杨佳豪　谢　程　陈丽桢　王怡婷　郑伊婷　杜珊珊　江羽婷　陈　洁　徐姗姗　黄煌伟　杨志彬　林　扬

# 红色领航工程：构建学生党员“加、减、乘、除”育人运算式

莆田学院

党的十九大报告指出：青年兴则国家兴，青年强则国家强。青年一代有理想、有本领、有担当，国家就有前途，民族就有希望。当代青年是实现中国梦的坚强后盾和储备力量，必须具有较高的理论修养、扎实的科学文化基础、强劲的创新发展潜力以及卓越的实践能力。高校思想政治工作承载着学习、研究、宣传马克思主义理论，培养中国特色社会主义事业合格建设者和可靠接班人的重大任务。加强大学生思想政治教育是一个复杂的系统工程，不可能一蹴而就，必须要有一部分人或群体成为榜样、典型，用榜样、典型的力量引领带动广大学生。大学生党员是大学生进行群体榜样引领的主体，如能以坚定信仰者、自觉践行者的姿态呈现，才能使“典型效应”发展成为“社会效应”。

## 一、项目主题与思路

近年来，环境与生物工程学院在继承经验、结合实际、融合创新的基础上，围绕“思想引领”这一主线，发挥党建带团建的龙头和辐射作用，把“建强党员队伍、发挥党员作用”作为学生思想政治工作的出发点和落脚点，以培养“信念坚定、博学创新、勇于担当、作用突出”的青年马克思主义者为宏伟目标，着力构建学生党员“加、减、乘、除”育人运算式，筑牢党员思想和行动“总开关”，并打造“鲶鱼”群体效应，增强该群体的吸引力、辐射力和影响力，取得了良好的实践效果。

## 二、实施方法与过程

（一）着力依托依附三大平台，叠加党员示范影响力，做好组织活力

加法运算

一是依托网络平台。将构建网络思想引领平台作为开展学生党员思想引领工作的重要抓手和关键环节，推进传统媒体和新媒体的融合以及新媒体内部的整合。以支部为单位建立易班网络文化工作室，线上进行课程视频观看、资料学习、知识测试以及话题、动态推送，线下开展“青年眼中的党的十九大”“我畅想的2035年”“我身边的榜样”微党课、微话题、微图文等主题活动，激发大学生党员在网络舆论场发声的自觉性、主动性和引领性，营造浓厚的党员榜样引领氛围，增强党员榜样的话语权。

二是依托实训平台。以大学生应用能力发展中心为抓手，组建三个以学生党员为核心的创新创业团队，即酸奶技术团队、果酒技术团队、面包技术团队。该中心集学习、实践、创业、交流于一体，建立了啤酒、果酒、面包、蛋糕、酸奶的生产设备和生产线，着重培养学生三创能力。2017年，在学生学科竞赛中，获国家奖项6项，省级奖项5项。其中1人次荣获美国大学生数学建模大赛二等奖，1人次获得全国第二届生命科学创新创业大赛三等奖，3人次获得全国大学生化工原理实验大赛二等奖，1人次获得全国大学生化工原理实验大赛三等奖，5人次获得包括“挑战杯”在内的省级奖项。

学生党员参加微讲堂活动

三是依托专业协会。以环境科学协会、生物技术协会、应用化学协会、食品技术协会四个专业协会为抓手，充分发挥社团党组织的政治引导和学生党员的引领作用，将时代主题和育人内涵贯穿于社团活动中，积极开展小学支教、绿色健走、植物认知、绿色花坛设计等实践活动，着力在凝聚社团向心力、打造社团文化上做文章，使之进学生思想、入文化主流、变实践自觉。

（二）着力关心关注党员成长，减去党员精神懈怠的问题，做好意识弱化的减法运算

一是实施“学生党员目视化管理”。党的十八大以来，习近平总书记反复强调理想信念是精神之钙，在谈到青年成长道路问题时，每次必讲理想，而且都是第一位的要求。实施学生党员目视化管理，亮明党员身份，让党员在阳光下学，在监督中做，将党性意识转化为行动自觉。学院根据学生党员成长的实际，采取佩戴党徽方式并开展“四个公开”，即公开照片、公开姓名、公开担任学生干部职务、公开联系方式。在学风建设、创新创业、志愿服务等三条线设置了创新创业岗、学业先锋岗、污水治理先锋岗、垃圾处理先锋岗、食品安全先锋岗。要求每位学生党员时刻牢记党员的身份，明确党员的责任，每人认领1个岗，并公开承诺接受群众监督，有效激发广大学生党员的工作积极性、主动性和创造性，让全体师生看到党员身影，瞧见党员作为，听到党员声音。

二是打造“学生党员积分卡”。实施学生党员量化评分，合理设置加分、减分和“一票否决”项目，共设纪律、思想政治、学业成绩、党内活动、民主评议、学生工作以及附加分7个大指标，14个小指标，内容涵盖遵守校纪校规、会议考勤、宿舍建设、递交思想汇报、参与党组织活动、缴纳党费、担任干部、参加国家、省、校、院活动获奖以及发表论文专利等情况。把政治纪律作为首要考核因素，严格实行政治纪律考核一票否决制。开展量化评分，实现了对学生党员考评的精细化、合理化，解决了当前个别党员精神懈怠，作用发挥不明显，甚至等同于普通学生等问题，提振了党员的精、气、神。

（三）着力构建构筑校政企合作，乘时乘势促进高校转型，做好协同育人的乘法运算

学院以党建为切入口，加强与政府、企业的沟通合作，努力构建校政企共建谋新篇、党建合作同发展的新模式，实现优势上互补、资源上

共享、人才上共育。

一是完善产教融合，加强党员职业信念教育。携手莆田龙头企业，充分利用企业行业科研优势，探索“2＋1＋1”和“3＋1”的人才培养新模式，开办“闽中食品班”“永荣新材料班”“三棵树涂料班”等校企合作产业班，使学生党员在人际关系、工作环境、社会心理等方面提前得到训练和适应，既提高了学生党员职业能力，也培养了高尚的职业情操、爱岗敬业的奉献精神以及良好的组织纪律观念。

二是渲染企业文化，强化党员生涯规划意识。企业文化是企业的精神理念、行为风范、经营理念的高度凝结，是企业的灵魂。学院定期安排企业家到校授课或做讲座，安排教师在教学中穿插讲解企业文化内涵，使学生党员潜移默化感受企业文化，引导他们了解自身行业的环境特征，使他们在理想与现实之间找到契合点，学会结合自身的兴趣爱好和专业特色，制定符合个人实际的职业目标与职业生涯规划，为今后顺利就业或创业打下坚实基础。

三是结对共建，开展党员志愿服务。发挥组织和资源优势，加强与政府、企业在科技支农、环境保护、植树造林、资源开发等方面的互动合作，推进项目、技术、资金、服务等有效对接。学院先后和莆田市圣元环保有限公司、后黄村社会实践基地、城厢区环境卫生管理处、莆田市环境保护局、莆田市水利局、百威英博雪津啤酒有限公司、莆田绶溪公园、莆田市河长制办公室、莆田复茂食品有限公司、永荣科技有限公司、莆田市图书馆、莆田市食品药品监督局等十多家单位开展了相关主题活动。

（四）着力依托学科专业优势，清除环境污染，做好建设美丽家园的除法运算

党的十九大报告指出，绿水青山就是金山银山，必须坚持节约资源和保护环境的基本国策，像对待生命一样对待生态环境。当前，莆田市委、市政府已经全面吹响了“打造宜居港城，建设美丽莆田，创建美丽中国示范区”的号角，环境与生物工程学院组建三叶草党员绿色实践队，

学生党员制作的鸟巢

聚焦党的十九大提出的“构建人与自然共同体”的理念，努力发挥专业特长，实施“绿色能量·党员生态文明志愿行动”，深入莆田木兰溪、东圳水库、绶溪公园、南日岛等地，开展“保护母亲河——微生物法治理莆田木兰溪”“助力莆田绶溪发展，构建战斗堡垒”“科技助力莆田南日岛海洋农业发展”“复兴海上丝路，共建妈祖故里——垃圾分类公益宣传实践”“科技支农我先行”等主题专业实践活动。广大学生党员通过社会实践，思考自身价值和定位，把所学专业知识转化为社会力量，组织活力转化为发展活力，既培养了学生党员实践操作能力，树立“为人民服务”的根本宗旨，又通过社会实践培育了学生党员社会责任感、实践能力和创新意识，使之成为培育践行社会主义核心价值观的重要平台。2018 年 3 月 31 日，学生党员志愿者携手百威英博雪津啤酒有限公司、莆田市河长制办公室、莆田市水利局、莆田市环境保护局，以“借自然之力，护绿水青山”为主题，呼吁社会群众、各行业、各领域一起保护水资源，以节水为主要任务，进一步助力莆田加快建设节水型社会，活动影响群众近千人次。

学生党员到东圳水库进行环保宣传

## 三、主要成效及经验

### （一）主要成效

1. 组织建设更有活力。学生党员积分卡量化了党员教育管理手段，使党员作用发挥、党性意识强弱有了标准和尺度，党员合不合格，形象好不好，做到了用事实说话、用数字说话。靠群众测评，有效地激发了党员创先争优的意识，更加自觉地为学院及师生办实事、解难事。通过亮明身份，接受监督，唤醒了广大学生党员的党性意识，让学生党员把合格党员要求体现到了日常生活一言一行中，主动强党性、强本领、树形象。

2. 提质增效更有合力。近年来，三叶草党员绿色实践队在环保宣传、水质监测、爱心筑巢、病虫防治、加固树木、治理污水、植物挂牌、垃圾分类等方面做了一些实实在在的事。学生党员、入党积极分子年人均服务时数超过200小时，活动也得到了《中国青年报》、《湄洲日报》、《莆田晚报》、中国青年网、东南网、大学生新闻网、莆田新闻网等多家媒体近30次的宣传报道。2015年，“复兴海上丝路，共建妈祖故里——垃圾分类公益宣传实践”荣获福建省大学生“生态梦想资助计划”项目三等奖，2016年，三叶草党员绿色实践队荣获团中央“千校千项奖”，2017年，“微生物法治理莆田木兰溪——以类球红细菌治理内河污水研究”项目荣获福建省“母亲河奖”绿色团队奖，2017年“保护母亲河”团队荣获福建省专项行动优秀团队，2018年“保护母亲河”团队荣获莆田市五四奖章集体。

3. 党员示范更有张力。2014年，学院党委荣获“莆田市先进基层党组织”，2016年，荣获“福建省先进基层党组织”。两年来，学生党员引领惠及入党积极分子250多人次，惠及入党申请人500人次，党员迎新生服务队惠及师生群众520余人次，全体学生党员100%参与，发挥了学生党员在寝室文明、学风示范、社会实践等活动中的示范作用，在广大同学中营造了“讲责任、重实践、乐奉献”的氛围。

（二）主要经验

1. 顺应学生需求是根本。现在的大学生多为独生子女，他们是在“备受呵护”的“禁锢”环境中成长起来的一代。个性张扬、特立独行，在行为理念上表现出高度的超前性和自主性，但缺乏集体荣誉感和团队忠诚感；有较好的自我认知，乐于接受新鲜事物，自信心强，自我意识强大，但行为个性“假成熟”“真幼稚”；有强烈的“成人意识”，在理念上渴望独立，但因为从小缺乏磨炼，缺乏独立生存和独立解决问题的能力，依赖心理强，独立抗挫折能力弱。学生心理发展特点要求我们在工作中，要遵循学生成长成才规律，增强工作科学化水平和有效性。

2. 典型示范引领是重点。一名学生党员就是一面旗帜，榜样的力量是无穷的。必须善于挖掘、总结和培育一批叫得响、立得住、群众公认的特色做法和先进典型，不断加大好经验好做法的宣传推介力度，切实发挥先进典型的示范引领和辐射带动作用，形成良好舆论导向，营造个个知晓、人人参与的良好氛围，为面广量大的学生树标杆、作样板。

3. 形成工作合力是关键。大学生思想政治教育是一项系统工程，要切实发挥基层党组织的战斗堡垒和党员的先锋模范作用，发动广大群团组织、社会组织和人民群众积极参与，形成队伍联建、资源联享、组织联合、整体联动、合力推进的新局面。

## 四、下一步加强和改进的计划

一是进一步加强大学生党员示范群体辐射的广度和深度。在推进学生党员对广大学生群体辐射过程中，要不断创新各种活动载体、方法和路径，坚持线上引领和线下引领相结合，思想引领与解决现实问题相结合，更多地采取学生喜闻乐见的方式，更多地结合核心价值观理念，传递正能量，引导大学生群体正确走向。更为重要的是，党员要始终坚持与时俱进，不断创新，不断解放思想转变观念，在系列决策事项中采取更加稳妥的方式方法，走进学生基层，广泛听取更多的学生意见，进一步提高决策水平。

二是建立大学生党员示范群体长效机制。项目所取得的成效需要长期的坚持和常态化的推进，要及时将亮点工作、典型做法和成功经验进行总结，从思想政治、科技创新、志愿服务、文化传承等方面构建党员示范引领工程体系。

**项目负责人：** 林萍萍

**成　　　员：** 黄明真　吴艺玲　沈雅红　陈宏伟　张超霞　林清华

# “情系两岸·筑梦中国”青年学生对台思想主题教育项目

厦门大学嘉庚学院

台湾岛内政治生态发生巨大变化，两岸和平发展的道路面临新的挑战。习近平总书记在党的十九大报告中明确指出：“解决台湾问题、实现祖国完全统一，是全体中华儿女共同愿望，是中华民族根本利益所在。必须继续坚持‘和平统一、一国两制’方针，推动两岸关系和平发展，推进祖国和平统一进程。”同时，“我们绝不允许任何人、任何组织、任何政党、在任何时候、以任何形式、把任何一块中国领土从中国分裂出去!”因此，对青年学生党员的教育，应以爱国主义为核心，着力培养青年学生党员关心国家统一大业的历史使命感，做祖国统一、民族复兴的螺丝钉。

## 一、项目主题与思路

习近平总书记强调坚持“九二共识”，绝不让国家分裂悲剧重演。两岸同胞前途命运同中华民族伟大复兴密不可分。随着两岸交流的增强，人员往来日益频繁。越来越多的大学生通过个人旅游或交换生等形式，踏上台湾的土地。他们面对与大陆成长环境不同的社会、政治、经济、文化、生活等方面差异的认识，由于缺乏系统性专业知识，从而呈现模糊不清的混沌状态，内心难免产生困惑，甚至思想上的动摇。因此，在当前两岸复杂的政治形势下，在两岸交流的不可阻挡的大趋势下，非常有必要加强对青年学生，尤其是学生党员的对台思想教育工作。在日常学生教育中，应以爱国主义为核心，强有力地推进“四个自信”教育，着力培养青年学生关心国家统一大业的使命感与责任感。

“情系两岸·筑梦中国”是辅导员为青年学生对台思想教育精心打造的主题教育项目。项目整体分为两大阶段，前期侧重理论学习，后期以社会实践调研为中心，理论实践相结合，形式多样，内容丰富，以期进一步了解两岸历史和现实知识，促进两岸青年交流、增进同胞感情，助力祖国统一。

该项目指导老师王奇对于两岸问题较为熟悉，具备一定的理论修养，从而增强了对此话题的驾驭能力。加之支部的多数学生党员来自闽南地区，对两岸话题具有地缘、血缘、文缘的天然优势。以上条件无疑增加了项目团队对两岸话题的掌控力，也在无形中增加了项目的可行性。项目指导老师对项目提供理论支持并参与其中，学生党员骨干负责具体执行。师生共同探讨项目的内容构成、开展形式，并制定项目进度表。在项目的执行中，齐心协力，教学相长，保证了项目的成功推进。

## 二、实施方法与过程

（一）理论学习为前导，坚定党员理论自信

一是台湾历史文化知识学习。支部分别举办了台湾历史知识专题培训，包括早期台湾、荷兰殖民者侵占时期（1624—1662）、明郑时期（1662—1683）、清代台湾（1683—1895）、日本殖民统治时期（1895—1945）、光复后的台湾（1945—）。通过对台湾历史的学习，使支部党员清晰地了解台湾与大陆之间同根同源、密不可分的历史与文化渊源。

二是台湾政治经济知识学习。支部组织党员重点学习了台湾政经知识，涉及政党派别、选举制度、台湾民意以及台湾经济发展历程和经济发展模式等。通过此部分的学习，促进党员对台湾岛内现实情况的了解，清晰感受两岸几十年来的发展变化。

（二）分享交流为平台，坚定党员道路自信

一是举办赴台学生分享会、两岸知识普及有奖竞答活动。支部先后举办了赴台分享会和赴台培训会，邀请赴台归来学生分享在台湾生活与学习的点点滴滴，使参加活动的支部党员感受原汁原味的台湾风土人情，了解台湾同胞和大陆人民在生活、文化上的差异与联系。同时，也通过赴台归来学生和台籍教师的现场答疑解惑，帮助即将参加赴台交流项目的学生尽快适应未来的学习和生活。

为了更广泛地向全校学生普及两岸相关知识，支部学生党员以台湾历史、政治、经济、文化以及《反分裂国家法》等为主要内容，制作两岸知识展板、题库，以有奖竞答的形式，在学校广场、食堂等地点，积极宣传普及两岸知识，帮助在校学生了解台湾问题的由来，两岸的历史渊源，两岸关系现状，党的相关方针政策等，从而树立正确的政治立场，自觉维护国家统一、民族团结，为中华民族伟大复兴的中国梦贡献自己的力量。

台籍教师分享台湾故事

二是举办“台籍老师谈台湾”师生座谈会。听台籍老师分享个人成长的故事、台湾社会的日本殖民伤痛、台湾老兵的乡愁、国民党对台湾的统治与治理、民进党的产生及台湾社会对政党的态度、台湾民众对两岸关系的看法，以及个人对两岸异同的感受。通过座谈会，让学生党员能够了解更具真实性的台湾社会。

（三）文化调研为桥梁，坚定党员文化自信

一是组织台湾电影赏析沙龙。支部充分发动入党申请人、入党积极分子、学生党员分小组分享了《台湾 1895》《赛德克巴莱》《搭错车》《好男好女》《海角七号》《不能没有你》等台湾电影的观后感。通过观影交流的方式，增加学生群体对台湾的感性认识，解析电影所反映的现实问题，促进了对台湾历史、文化的更深层次的认识。

二是开展闽台缘文化实地调研。在第一期主题教育活动中，支部组织党员赴厦门市博物馆、海沧区保生大帝青礁磁济宫进行实地调研的活动，第二期由党建老师带队，支部党员集体赴泉州市博物馆、泉州闽台缘博物馆，进行了实地调研学习。以田野调查的形式，使支部党员在社会现实中感受闽台文化深厚的历史渊源。

支部党员赴泉州闽台缘博物馆调研学习

三是开展两岸传统民俗文化分享会。支部学生党员、入党积极分子等，利用寒假时间，调查自己家乡与台湾相关的历史渊源、传统民间信仰和风俗习惯，并撰写调查报告进行分享。调查范围覆盖了福建、新疆、河南、湖南、河北、广东、浙江、山东、辽宁、贵州、重庆、山西、四川、江苏、安徽、上海等16个省、市、区，共计30多个城市。据不完全统计，厦门大学嘉庚学院管理学院学生第一、二党支部开展的两期寒假调研活动，总计形成报告近百篇。文化调研覆盖地域范围广，内容丰富，包含了浓厚地域特色的传统文化习俗与人文景观。

通过召开两岸传统民俗文化分享会，学生党员深刻体会到台湾与大陆是同根同源、血脉相连的共同体，台湾永远是中国是不可分割的一部分，无论是在历史渊源，还是传统文化，始终印证了“两岸人民一家亲”。

## 三、主要成效及经验

### （一）主要成效

1. 理论学习，完善知识结构。通过系统学习台湾的历史、政治、经济、文化各方面知识，使学生深刻认识到了两岸之间割舍不断的客观联系：地缘近、血缘亲、文缘深、商缘广、法缘久，坚定了两岸必将统一的理想信念。其中，由支部指导老师王奇执笔撰写的论文《论清代台米输出中的逆流现象》已刊发于专业学术期刊《闽台文化研究》2017 年第 3 期。

厦门大学党支部立项二等奖

2. 实践交流，促进“四个自信”。通过赴台学生交流会、台湾老师座谈会、民俗文化分享会等，使学生党员观察到了两岸近几十年来的发展变化，深刻认识到了在中国共产党领导下，中国经济、政治、社会、文化建设等方面取得的伟大成就。增强了支部党员的爱党、爱国之心，加强了对中国特色社会主义的道路自信、理论自信、制度自信和文化自信。以此教育活动为载体，开展的支部立项，亦获评厦门大学 2014—2016 学年党支部工作“立项活动”优秀成果二等奖。

3. 提高思想觉悟，坚定理想信念。中国梦，是习近平总书记所提出的重要指导思想和重要执政理念。要实现中华民族伟大复兴的中国梦，国家统一是其必然要求，台湾回归是国家统一的最迫切任务。本次立项活动，紧跟时代步伐，响应党的号召，增强了学生党员的爱国心和历史使命感。支部党员纷纷表示，要为实现国家统一、民族富强、中华民族伟大复兴的中国梦而不懈努力！

### （二）主要经验

在项目酝酿阶段，项目团队通过认真分析学生群体知识结构、心理特点、学习生活的日常安排等内容，对项目的内容、形式进行了精心策划，进而制定项目推进表，成功达到了激发学生兴趣的目的，有力地保证了项目推进的效果与进度。通过两年来项目运行情况的观察，一个成功的项目，必须具备如下特点：

1. 项目选题要紧跟时代前沿热点。台湾问题是关系到国家统一、民族复兴的重大问题。习近平总书记在党的十九大报告中，明确指出"解决台湾问题、实现祖国完全统一，是全体中华儿女共同愿望，是中华民族根本利益所在。"紧跟时势，开展接地气的活动，更容易得到学生群体的接受与喜爱。

2. 项目内容对完善党员知识结构要有所裨益。学生党员普遍缺乏系统的两岸知识，对两岸问题缺乏明确的认识。本次教育活动有利于学生党员知识结构的完善与提升，同时也成功地激发了学生党员的好奇心，培养了学生的兴趣。

3. 开展的项目内容要丰富、形式要多样，以增强教育活动的吸引力。项目在最初设计时，就确定了多渠道、多路径的实现方式，努力避免单一和乏味。原则上理论与实践相结合，内容上多学科相结合，空间上校内外相结合，形成多路径、成体系的运作模式，从而增强项目的新颖性与吸引力。

## 四、改进计划

"情系两岸·筑梦中国"主题思想教育活动，已成功举办两年，得到了学院与学生的一致好评。在当前两岸复杂的政治形势下，主题教育活动切实起到了对学生党员群体的思想教育与政治引领作用，完善了学生的知识结构，填补了相关知识与思想空白。但在具体执行中，项目运作团队也发现了一些有待完善的地方，如理论指导团队力量单薄，项目成果还要进一步运用发展，活动辐射和影响力还可以进一步扩展。

鉴于以上情况，在今后项目推进中，将从两方面着手进行完善：一方面，加强项目实施指导教师力量，充分利用学院各科系教师力量以及兄弟院校优质教师资源，争取更多具备专业知识的老师加入项目指导团队，充实团队理论指导力量。另一方面，要进一步做好活动成果凝练，扩大教育范围，将项目进一步品牌化，汇编《两岸一家亲》两岸五缘调研报告、发表相关学术论文等。在充实完备的指导团队支持下，加之学生党员的努力，相信“情系两岸·筑梦中国”思想主题教育活动必将日臻完善，更好地发挥政治引领的功能与作用！

**项目负责人：** 王　奇

**成　　　员：** 陈源栋　陈丽萍　苏丽凤　郝月鑫

# 基于“三融文化”背景下的现代学徒制星级团支部创建项目

## ——“轨道型”团支部创新思政教育

福建水利电力职业技术学院

国务院《关于大力发展职业教育的决定》明确提出“大力推行工学结合、校企合作的培养模式。与企业紧密联系，改革以学校和课堂为中心的传统人才培养模式”的要求，同时在党的十九大报告中习近平总书记明确提出“完善职业教育和培训体系，深化产教融合、校企合作”。这里所谓的校企合作正是目前国际上“现代学徒制”建设的核心理念。本文以福建水利电力职业技术学院（以下简称“福建水院”）供用电1632班为例，介绍了“轨道型”团支部在思政部教育方面的创新。该支部成立于2017年2月15日，37位成员来自学院4个不同的专业，经过厦门轨道交通集团层层筛选而组成的现代学徒制班级，由学院和企业共同培养拥有精湛轨道供电技能，在毕业后直接到集团上岗。班级的学习与生活和企业有着千丝万缕的关系，从而创建基于“三融文化”背景下的行业特色“轨道型”团支部，探索现代学徒制班级管理新模式。

### 一、项目主题与思路

（一）项目主题

“供轨前行、永无止境”是班级的口号，根据班级专业特点和特殊的班级性质，建设成“轨道型”团支部。支部始终以“精求技能、崇尚文明”校训和“供轨前行、永无止境”为主线来建设。他们不仅能认真完成理论知识学习及相关培训，还能把企业文化及事业公约融入日常生活当中，更好地把握学生、员工双重身份角色互换，为毕业既是就业打牢基础。支部建设有利于培养现代学徒制的学生职业道德、职业技能和职业精神，展现当代青年的活力形象，丰富学生的课余生活，提升学生的文化素质、专业素养、思想政治觉悟。

（二）项目思路

“三融文化”指的是校园文化、企业文化、传统文化三位一体相互融合，应用于厦门轨道班级管理中。通过学院水文化、系日新文化，让学生更加了解学校，了解专业，达到爱国、爱校、爱班级，增强班级凝聚力，产生归属感；企业文化的学习，让学生在校期间感受企业文化，深入地了解企业，获得认同感，能以企业的标准衡量自己，融入平时的学习、生活中，提高学习效率；接触传统文化，参与当地民俗闽王战鼓、思政实践活动，感受传统文化的魅力和内涵，增强民族自豪感与文化自信；三种文化融合应用于班级管理，有利于培养现代学徒制的学生职业道德、职业技能和职业精神，实现学院与企业的无缝对接。

基于“三融文化”背景下的行业特色“轨道型”团支部建设，在辅导员的引导下，积极探索，总结经验，最终确定五条主线：思想引领、精求技能、投身志愿、融合文化、创新育人。围绕这五条主线，班级37名同学共同努力，克服重重困难，完成一项项挑战，展现了班级团支部的活力和特色。

## 二、实施方法与过程

班级团支部建设，旗帜鲜明，目标明确。供用电1632班一直以“供轨前行、永无止境”为口号，实干与团结为作风，使团支部充满着青春的朝气与活力。

（一）思想引领，树立良好班风学风

1. 定期召开班会和团日活动，积极学习党团的基本理论和基本知识。组织学生观看“党的十九大”开幕式、学习新党章、学习“党的十九大”精神，并且书写心得。

2. 充分发挥团支部、班委在班级当中的核心作用。加强班级思想建设，首先必须抓好团支部、班委的建设。必须最大限度地调动团支部、班委全体成员的积极性，积极引导班级思想建设活动的开展。一方面，团支部成员、班委的能力得到了提高；另一方面，又更好地树立了团支部成员、班委的威信，在班级同学中又起到了带头作用。搞好班级思想建设工作，就能为树立良好的班风、学风建设打下良好的基础。

（二）精求技能，提升扎实专业技术

1. 知识扩展

为了扩宽同学的知识面，学习新的专业技能，组织班级同学到鸭母潭水电站参观学习。在参观前，由水电站陈工程师先给同学们上了一堂安规课程，并在参观过程中为同学们介绍了目前混流式发电机组和开关柜及电站值班所需要注意的事项。本次的学习让同学们能更加直观地感受到水电站的电气运行原理，为今后相关课程的学习打下基础。

2. 入企业参观实习

为了更好地把握学生、员工双重身份转换，加强校企深度融合，班级同学回到厦门轨道交通集团运营事业总部参加了为期三天的培训。事业总部吴书记亲自参加了培训会，肯定同学们在学习上的努力，并提出了进一步的要求。同学们由此备受鼓舞。他们在参观董任主变电所的过程中，了解了主变电所电路图，每个开关柜的工作原理以及它们彼此之间的联系。在体验轨道练兵场技术人员实操演练的过程中，他们熟悉了轨道供电与维护的流程，更明白了以后的工作状况，从中找到了归属感，为今后的上岗奠定了基础。

3. 以赛促学

在2018年度福建省职业院校技能大赛——轨道交通信号控制系统设计与应用比赛中，班级组队在老师带领和悉心教导下，通过夜以继日的练习，圆满完成比赛并获国赛的参与资格。

4. 精练技能

学院对轨道供电专业建设了接触网实训场，这是学院对轨道班给予的深切厚望，也是一次难得的学习机会。同学们在实习老师的带领下，顶着烈日在施工现场对着施工图纸进行一对一的训练，提升技能

学生到厦门轨道交通集团运营事业总部培训

水平。在登杆实训中，在电线杆上奋力攀爬，钻研技能，对于每一次的实训都认真对待，正是得益于认真刻苦的学习，才有了100%的实训通过率。

（三）投身志愿，引领向善社会风尚

1. 培养爱心、明确社会责任

参加环保知识竞答，增强了同学们对于环保知识的理解，加强了对于环保的重视。在环保时装秀中，同学们精心准备了旧报纸等旧料，并且独出心裁地设计了各式服装。轨道班能获得如今的成绩，得益于各个老师的悉心培养和表率引领。无偿献血证、志愿者证等荣誉证书，激励着同学们继续投身于志愿爱心事业。

2. 增进友谊，提升班级凝聚力

众人拾柴火焰高，现在是相亲相爱的同学，将来是同一个公司亲密无间的同事伙伴。通过举行春谷素质扩展、厦门海边沙滩排球赛等团队活动，使大家的友谊不断升温，越来越默契。

（四）融合文化，增强浓厚企业情怀

1. 企业文化融入日常生活。为了将轨道文化融入宿舍文化建设中，同学们在宿舍中贴地铁壁纸，将宿舍命名为一号线到六号线宿舍。他们还在每间宿舍贴上厦门地铁每条线路站台及事业公约，使自己更加熟悉公司文化，培养对企业的认同感、归属感。集团文化在潜移默化中融入同学们的日常生活中。

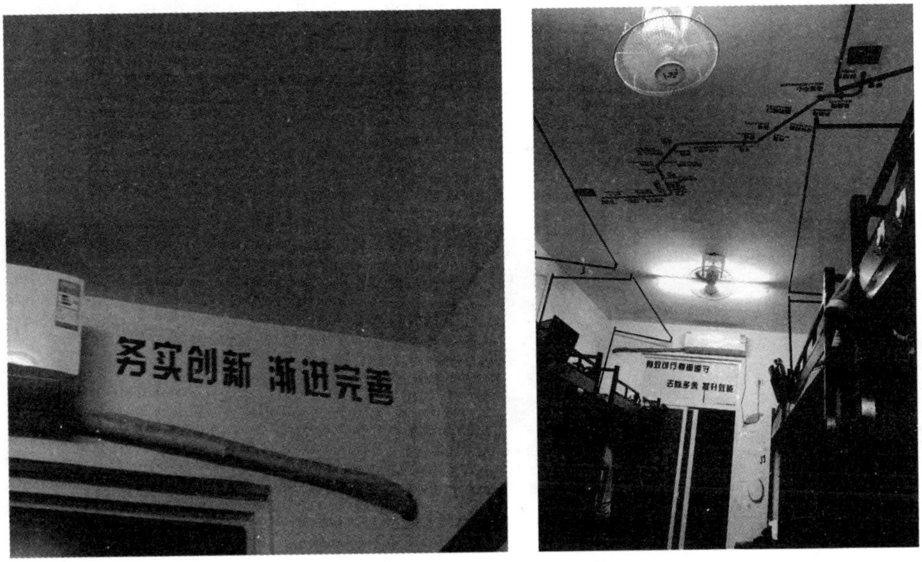


厦门地铁线路图和企业文化（事业公约）进宿舍

2. 企业文化融入日常教学。

（1）厦门轨道集团每月都会给班级发放企业文化（事业公约）当中的一个主题材料，让同学们分成小组自觉通过学习材料和事业公约，最后每个小组分别拍摄一个学习小视频发回公司考核。通过学习，同学们加深了对厦门轨道交通集团的企业文化和公司的管理理念的了解，增强了对公司的认同感。

（2）集团每个学期都选派企业车间专家到校授课及考核，对学生进行系统的专业指导并了解学生的学期情况。集团定期对同学们的考核，促使同学们更加努力的学习专业知识，提高专业技能水平。

（五）创新育人，推动思政教育实践

1.“奔跑吧爱萌”。从2018年3月14日起，该支部开展了名为“奔跑吧爱萌”的主题校园跑。每次的跑步，同学们的身体得到了锻炼，吃苦的精神得到了洗礼。本次的校园跑响应了国家的号召，大学生“三走”行动，走出了宿舍。通过活动，提高了同学们的身体素质，提振精气神。

2. 闽王战鼓。战鼓作为永安青水乡民俗传统文化，应当将其弘扬延续，保存下来，发扬中国优秀的时代精神。支部成员传承闽王战鼓，组成闽王战鼓队，并在“三月三畲族文化节”上大放异彩，表演节目在“多彩青水·神秘畲寨”上大受好评。传统文化、校园文化、企业文化三者很好地融合在一起，让学生深刻地感受传统文化的魅力。

民俗传统文化闽王战鼓表演

3. 思政实践活动。活动主要包括参观红军医院纪念园、宁化县革命纪念馆、客家祖地、中央红军标语博物馆、吉山抗日文化遗址群，聆听谷文昌建设隆陂水库故事，重走红军长征路等内容。通过思政教育实践，同学们都收获颇丰，加深了对红军抗战红色文化的了解，切身感受了源远流长的中华客家传统文化。思政实践活动让学生在实践中体验教学内容，继而将其内化为信念和行动指南，提升思政教育的时效性。

## 三、主要成效及经验

（一）主要成效

1.“轨道型”团支部经过一年多的建设，团支部在思想政治修养、学风班风建设、支部管理、文化建设等方面均取得优异成绩。37名成员在辅导员的引导下融合成为一支特色鲜明、健康向上、精诚团结的基层集体，受到肯定，屡获佳绩：荣获2018年福建水院“五星级”团支部荣誉称号，班级辩论赛冠军，五四青歌赛一等奖、二等奖等个人奖项多达40多项，还获得了10多项班级团体奖项；闽王战鼓这场声势浩大的战鼓表演，奏出了班级轨道人的气力，相关报道被三明市教育局、福建省教育厅、福建共青团等网站转载，扩大了影响力。

2. 在政治学习方面，通过长期开展“一学一做”系列活动，参观红色教育基地，参加思政实践活动，到宁化重走红军长征路，深入贯彻“三会两制一课”制度，使支部成员的政治素养和理论水平都得到有效提升。支部成员积极向党组织靠拢，全部递交了入党申请书，其中3名团员参加业余团校暨青年马克思主义者培养工程培训班学习，3名团员成为入党积极分子。

荣获2018年福建水院“五星级”团支部

3. 在专业学习领域，各项活动的开展效果也相应显现。班级学生参加福建省高职院校技能大赛，日夜操练提高技能，精益求精地完善自己，并获得国赛资格；通过刻苦训练，完成登杆技能实训，轨道接触网实训等各种实训，达到100%的考核通过率。

（二）主要经验

1. “招生即招工”，以厦门轨道交通集团选拔组建班级，实现招生与招工的一体化。学院打破传统的招生模式，在做招生计划及宣传时，以厦门轨道交通集团冠名“厦门轨道班”，并将厦门轨道交通集团的文化、对员工的专业要求等融入招生工作中。这样学生在报名的同时已经对今后的就业方向或企业有了明确的概念，在校学习期间也会有针对性地学习。

2.“入校即入厂”，将厦门轨道交通集团建制模式引入到班级建制中，实现班级建制与企业建制的一体化。通过借鉴企业管理中的部分先进理念，把企业文化融入班级管理。创造和模拟企业情境，培养学生竞争意识和团队合作精神，以适应企业的需求。“引企入校”，即邀请企业的领导、业务骨干到班级中，为学生讲解企业文化、企业制度，同时讲授各个专业在课本以外的知识点和各工种在技能技巧上的要点、要求，让学生明确自身应该具备哪些条件以及在专业上学到更多、更新、更加先进的技术。“入企锻炼”，即工学交替，参观企业，能让学生切身体会工作的艰辛，转变好吃懒做等不良习惯，认知自身素质（思想素质、文化素质、身体素质等）的不足，培养对知识、技能汲取的渴望和紧迫感。

3.在现代学徒制的大背景下，“班级企业化管理”模式的运行，无疑给学校管理带来了方便，而且管理的效果也是显而易见的。作为教师，在管理、教育学生的过程中不断汲取企业方面的知识，丰富了学识，积累了经验，增强了能力；对于学生而言，在新型管理模式下，通过了解和学习企业文化、企业制度等，感受企业氛围，感知企业文化，感悟企业精神，从而懂得了在校学好知识、掌握本领的重要性，以及诚实守信、团结互助等基本的做人道理。

## 四、下一步加强和改进的计划

1.落实校企协同育人。学徒制班级不仅要求学好专业知识，而且要求提高企业专家到校授课频次和授课时间，形成学生到企业培训常态化，以此提高学生的专业水平和对企业的归属感，激发学生学习的积极性。

2.提升学生社会责任感。现在学生很多都是独生子女，做事以自我为中心，缺乏社会责任感，这就要求今后的管理中，要加强思想引导，培养学生职业道德和职业精神。

总之，班级团支部还在建设完善，打铁还需自身硬，必须把技能学会、学精，基础扎实。毕业后，同学们到厦门轨道交通集团公司工作，应该继续发扬“轨道型”团支部建设精神，在公司中团结互助，遵循“精求技能崇尚文明”的校训，以“供轨前行永无止境”的精神在公司完成各项工作及挑战，努力实现“今天我以水院为荣，明天水院以我为荣”的目标。

**项目负责人：**马东周

# 以文化人

# 深耕社会实践平台育人之术，探索优秀传统文化传承之道

## ——中华优秀传统文化传承的“校地结合”模式

厦门大学

教育部于2014年3月印发《完善中华优秀传统文化教育指导纲要》中指出：“大学阶段，以提高学生对中华优秀传统文化的自主学习和探究能力为重点，培养学生的文化创新意识，增强学生传承弘扬中华优秀传统文化的责任感和使命感。”中华优秀传统文化源远流长、博大精深，如何让高校青年学子自主、自觉、自愿地传承和发展优秀传统文化，让社会主义核心价值观教育入脑、入心、入行，是高校思政教育工作的重点和难点。

本项目负责人马向华依托厦门大学文史哲及人类学等人文学科的资源优势，探索建立了优秀传统文化传承的“校地结合”模式。通过社会实践活动这一绝佳的教育平台，“充分挖掘和利用本地中华优秀传统文化教育资源”，聚焦闽南传统手工技艺的传承和发展现状。自2014年6月组建“指尖闽南实践队”至今，连续四年带领青年学生通过亲身体验走访，探究挖掘传统手工技艺背后的历史文化因素，广泛传播优秀传统文化的内涵和魅力，发扬其中蕴含的匠人精神以及高尚的伦理道德品质，与此同时，更为闽南甚至是福建省的传统手工艺发展提供思路，为在高校青年学生中传承弘扬优秀传统文化提供了有益的借鉴和参考。

“指尖闽南实践队”已经连续四年入选厦门大学校级重点实践队，曾获得“福建省优秀实践队”“福建省优秀社会实践积极分子”“厦门大学优秀实践队”“厦门大学优秀实践报告”等荣誉称号。

## 一、项目主题与思路

（一）担当时代使命，传承优秀传统文化

发展中华文化、增强国家软实力，让中华文化在世界文化之林中占有一席之地，都需要从优秀传统文化中汲取营养。自2014年3月起，马向华带领学生组建了项目组，开展了“古韵流芳——中华优秀传统文化活动月”系列活动，其中包括中华传统节日论坛、师生传统手工艺作品展、中华传统文化知识大赛，以及活动的校外延伸——指尖闽南实践队。

（二）校地结合，聚焦闽南传统手工技艺

闽南地区物华天宝、人杰地灵，独特的地缘孕育了独特的历史风貌，发展了别具一格的闽南传统文化，优秀传统文化资源丰富。美妙的指尖艺术是闽南传统文化的典型代表，但随着现代机械化浪潮的冲击，许多手工技艺受到很大的冲击，面临濒危失传的窘境。

地处闽南核心区的厦门大学人文学院则具有浓厚的文化底蕴和雄厚的学科资源。充分将学院资源与闽南传统文化相结合，关注民间手工技艺，推进中华优秀传统文化更好地传承下去，这是人文学院力所能及的一件事情，也是义不容辞的责任。

在此背景下，项目组自2014年7月起，探索建立了优秀传统文化传承的“校地结合”模式。来自不同系别的热爱民间传统手工艺的学生组成“指尖闽南实践队”，借鉴学院内各学科在纪录片拍摄、田野调查、新闻采写、历史研究等方面的丰富经验，开展对闽南地区传统手工技艺的拍摄、调研和访谈。通过考察闽南地区民间手工艺的留存与传承，探索手工艺品背后的历史源流，还原指尖艺术的独特魅力，发掘手工技艺的现代文化价值，并通过广泛传播的方式，让经历千年传承至今的古老手工艺重新焕发出光彩。

截至目前，“指尖闽南实践队”已探访了龟糕印、漆线雕、藤轿、佛雕、木偶雕刻、漳绣、棉花画、漳浦剪纸、永春纸织画、漆篮、妆糕人、南音乐器制作、惠和石雕、同安锡雕、德化白瓷等20多种具有独特地方风格的闽南民间手工艺，足迹遍布厦门、漳州、泉州的大街小巷。

## 二、实施方法与过程

### （一）深入调研，充分准备

“指尖闽南实践队”借助文献资料查阅收集以及人类学田野调查的方法，从历史学的角度探究每个传统手工技艺产生和发展演变的历史过程，以及相关联的社会经济和文化因素。每年在敲定行程前，实践队都通过对地方文化部门、当地居民和同学的口头询问，相关资料的查阅，以及对相关专业老师的咨询，列出10余项闽南传统手工艺作为候选。再经过与手艺人及非遗中心的多次联系，最终确定5至8个重点探访点。出发前，团队还要进行相关的培训，然后经过队员们多次交流讨论以及与指导老师的多次沟通，最终形成全面细致的调研方案。

### （二）实地走访，拍摄记录

在实践进程中，队员时刻收集素材，即时成文并在微信、微博推送，实时播报实践队的最新进展。通过后期的撰写和整理，队员每年所写的日记、论文、心得都会被汇编成册，篇幅均达数万字。此外，每年实践

指尖闽南实践队走访拍摄传统手工技艺

纪录片的拍摄、剪辑、脚本设计、配音等复杂繁重的任务都由队内成员分工协作完成，纪录片不仅获得了学校师生的高度关注，而且受到受访手艺人的广泛好评。

（三）完善内涵，推动传承

四年来，实践队深入闽南地区进行民间考察，广泛收集文物、民俗等资料，力图建立传统手工艺信息数据库，对闽南民间手工艺进行深入系统的分类整理和考证论述。通过持续努力，对闽南民间手工艺的历史源流、文化内涵、经济因素和艺术价值等问题进行全面解读，展示闽南民间手工艺文化的风采和魅力，挖掘手工艺制作背后的故事，丰富和完善闽南民间艺术宝库，并在尽可能多的平台上呼吁关注与重视闽南地区濒危传统民间手工艺，积极抢救濒危传统手工艺及绝品绝招绝技。

## 三、主要成效及经验

（一）亲身体验，让青年学生认识传统手工艺

通过连续四年的走访和拍摄，“指尖闽南实践队”让累计50余名的实践队员深入体验了传统手工艺的制作过程，领略了传统文化深厚的底

闽南传统手工技艺书签——指尖闽南团队创作

蕴和艺术魅力。实践队每年汇集队员的实践心得以及拍摄的视频，将这些鲜活生动的题材通过“指尖闽南公众号”向学校师生传播，让更多的青年学生认识了解传统手工艺，让青年学生走近传统手工艺。此外，实践队还向同学们发放手工技艺的摄影精华印制成精美书签，让传统工艺的元素点缀同学们的生活，启迪同学们思考和探索。

（二）融汇资源，让传统手工艺得以有效传承

“指尖闽南实践队”走访的很多手工艺项目现在面临着后继无人、濒临失传的境地，而这也正是实践队走访的价值所在。为此，实践队积极与文化保护相关部门联系，为传统手工艺的保护和发展贡献一己之力。实践队在实践活动开展的过程中也在不断思考：在手工艺品的传承过程中，政府、企业、学校与手工匠人应扮演好怎样的角色才能实现合作共赢，才能使传统手工技艺在传承中发展，甚至实现商业化和规模化。

此外，实践队还依托学院的资源优势争取多方的支持。“指尖闽南实践队”的活动得到了福建省艺术馆、福建省非物质文化遗产保护中心、漳州电视台、厦门惠和石文化园的青睐，更得到了他们的诸多支持，目前正在策划传统手工艺体验项目以及传统手工艺进校园的项目。

（三）营造氛围，为优秀传统文化搭建展示平台

“指尖闽南实践队”开展的“古韵流芳——中华优秀传统文化活动月”曾经得到光明网、新华网、新浪网、凤凰网等多家媒体的报道。系列活动在校内营造了学习优秀传统文化的浓厚氛围。2018 年，在全国港澳大学生中华文化知识大赛上，厦门大学代表队力拔头筹，取得了良好的社会效应，新华社曾对此活动进行过专题报道。

（四）创新视角，将传统手工艺调研推向纵深发展

实践队每年都在不断地进步，这源于不断的探索和拓展。实践队第一季和第二季主要将重心放在手工技艺堪忧的传承现状上，以此引起社会的重视，来促进这些手工技艺的传承。随着国家越来越重视传统文化的价值，不断加大对文化产业发展的扶持力度，到了第三季和第四季，

古韵流芳——中华优秀传统文化活动月系列活动：中华传统节日论坛、中华传统文化知识大赛、师生传统手工艺作品展

队伍采用新的视角，从手工艺品继承传统与转型发展的方向切入，更多地将民间手工技艺与闽南传统文化相结合。

此外，实践队还与国家双遗技艺青年体验营的负责人取得联系，通过参与夏令营的部分活动，利用其中丰富的资源，为队员在民间手工艺制作方面获取更具系统性和全面性的了解创设了条件，开拓了全新的调研模式。

## 四、下一步加强和改进的计划

（一）拓展调研范围至福建全省

“指尖闽南实践队”目前已经走过了四年的历程。如今踏上了更高的起点，面临着更大的挑战，在丰富经验积累的基础上，决定拓展范围。从闽南拓展到福建全省，甚至是台湾地区，为福建省抑或海峡两岸传统手工艺的发展提供青年学生特有的思考和建议。

（二）探索传统手工艺现代化进程

实践队不再局限于乡村小巷中一家一户的个人制作，而是开始将目光投向技术学校及工厂，探索手工艺术在现代化浪潮中的发展新去向。在今年实践队安溪首站活动中，队员通过参加国家双遗技艺青年体验营，探究学校在此过程中究竟能发挥多大的作用，比较职业学校和综合性大学发挥作用的不同，从中提炼出推动指尖艺术未来发展的计策。

（三）推动传统手工艺进校园步伐

就在前不久，教育部发布了《关于开展中华优秀传统文化传承基地建设的通知》，计划到2020年在全国范围内建设100个左右中华优秀传统文化传承基地，积极推动优秀传统文化走进高校。

实践队在不断探访的同时，也在思考如何将传统手工艺引入高校，让在校学生更加直接接触到传统手工艺。依托共青团、学生党支部、学生会、学生社团等，开展主题教育、理论研讨、社会实践、志愿服务、文艺体育等形式多样、丰富多彩的活动。实践队将计划探索非物质文化遗产进校园的活动，结合人文学院每年一度的“中文有戏”活动，为在校师生呈现精美绝伦的优秀传统文化。

（四）引入旅游文化商业化模式

实践队计划将每年的成果引入商业运行模式。目前厦门旅游业发达，但是厦门尚无特色的旅游文化纪念品，为此，实践队打算向旅游局申请，把传统手工技艺的精美元素制作成文化纪念品，宣传厦门，宣传闽南和福建，并力图作为台海文化一大亮点。

中华优秀传统文化的传承是一项庞大的系统工程，作为高校的思政工作者，辅导员马向华建立的优秀传统文化传承的“校地结合”模式，依托社会实践平台，以聚焦传统手工艺的传承和发展现状为切入点，持续深入和学生一起走访，一起探索。激发学生的思考，并引导他们在实践活动中让传统手工艺与青年学生群体实现有效结合，以便让传统手工艺所承载的传统文化在青年学生中得以发扬光大。这是探索传承中华优秀传统文化、践行社会主义核心价值观的有效之道。

**项目负责人：** 马向华

**成　　　员：** 郭晓琳　汤晓琳　林紫薇　权静茹　王继超

# 打造立体文化育人格局，让思政教育更生动

厦门大学

习近平总书记在全国高校思想政治工作会议上深刻指出："要更加注重以文化人以文育人，广泛开展文明校园创建，开展形式多样、健康向上、格调高雅的校园文化活动"。高等学校既是文化传承的重要载体，也是思想文化创新的重要源头。辅导员作为思想政治教育的践行者，应当深知文化育人作为高等教育人才培养的重要内容，在增强文化传承责任意识、提升育人实效方面，发挥着关键作用。近年来，经济学院一直把文化育人作为思想政治教育工作的一部分，在工作原则和实现路径方面进行了研究与实践：在文艺工作重引导、抓创作的基础上，丰富第二课堂的艺术教育，致力于学生文艺素养的实践养成；积极拓展文艺作品的表现形式，坚持互联网作为宣传思想工作的主阵地，从线下经典艺术作品的创作及丰富文艺活动的开展，拓展到线上视听网络文化作品的宣传呈现中去，打造立体文化育人格局，弘扬主旋律，传播正能量，让思想政治教育更生动。

## 一、项目主题与思路

"打造立体文化育人格局"首先要强化辅导员对文艺作品在选题和创作上的教育引导作用——把好关、开好头，并在逐年的学生文艺活动实践养成过程中，坚持每年新生入学的文艺特长普查，推进有兴趣和特长的学生常态化训练，结合演出、比赛，引入专业力量进行指导和培训，以赛带练、以演促学，逐渐打造八大演艺队伍。六年来，"好声音"舞台的搭建，让学生才华得以充分展现，并让学生在各项文艺比赛的历练中

收获满满，培养了学生的荣誉感，树立了正确的价值观。

“打造立体文化育人格局”在于辅导员对于文艺工作的系列举措：通过打造团队、搭建平台、落实制度保障，丰富学生第二课堂，实现思想政治教育以文化、艺术为载体，润物无声。

“打造立体文化育人格局”第三步，在于实现文艺工作与新媒体的深度融合。为了扩大优秀文艺作品的传播范围，发挥互联网在思想政治教育的阵地作用，在充分整合经济学院丰富文艺作品资源优势的基础上，2017年，分管文艺工作的辅导员带领学生创立“经苑青听”网络文化工作室。工作室以坚守文艺的审美理想、保持文艺的独立价值为目标，把传统的思想政治教育内容与诗歌朗诵、合唱、话剧、电影配音等多项艺术形式相结合，把价值观教育引导，从线下艺术作品的创作，拓展到线上视听网络文化作品的宣传呈现中去，从而使价值观教育引导，形成一股“线下—线上”的立体传播力量，让传统的思想政治教育变得更生动。

## 二、实施方法与过程

### （一）强化辅导员在文艺工作中的教育引导作用

在作品的创作、选题过程中，由辅导员全程加入并指导，以文化人的时代任务，弘扬主旋律，唱响正气歌；在保证学生亲身参与的同时，充分融合优秀传统文化特色、弘扬社会主义核心价值观、传播正能量，提升文艺作品的品位和格调；同时对学生原创作品和发起的活动进行把关，严格控制作品和活动的质量，拒绝低俗和泛娱乐化。

在选题上，主旋律与正能量是永恒的主题，在近年举办的三届校园舞蹈大赛上，三部原创舞蹈以满满的正能量亮相舞台，分别是弘扬坚忍顽强精神的《生命》、以青春奋斗为主题的《梦飞扬》、歌颂军人的赤诚与奉献精神的《启程》，续写了舞蹈大赛六连冠的好成绩。在作品主题的选择和舞蹈创作中，学院强调作品的品位格调和精神内涵，通过学校的舞台以及随后的演出中进行广泛传播。

王亚南是新中国成立后厦门大学第一任校长，中国马克思主义经济史学的开拓者、《资本论》的译者，2017年正值亚南先生逝世50周年，受《哥德巴赫猜想》《嘉庚颂》启发，经济系教工党支部书记张兴祥老师、学院分管文艺工作辅导员赵小姝老师亲自参与剧本创作，以《王亚南卷》《学科之魂，异代重光》等文献材料为依据，选取了“三角床”“大佛寺计划”“寄子弹”等情节，在尊重史实的基础上进行适当的艺术加工，创作了以诗歌朗诵为基础的话剧《亚南故事》。《亚南故事》分五个部分展开，弘扬王亚南校长传奇经历背后的厦大四种精神。

经济学院原创话剧《亚南故事》

类似的主旋律与正能量作品还有很多，“立体文化育人格局”的形式，离不开辅导员对文艺工作的指导，尤其是在选题和创作上强调核心价值观的引导，注重作品的高格调，充分挖掘优秀中华传统文化、厦门大学人文历史资源的精神内涵。

（二）丰富第二课堂教育，致力于学生文艺素养的实践养成

辅导员是学生第二课堂教育活动最主要的组织者。近年来，通过多项

举措丰富学生第二课堂，学生的文艺素养在实践中逐步得以养成。首先，根据新生入学时的文艺特长普查结果，引导学生加入文艺中心不同演艺队伍，然后结合学校各项演出表演和比赛，在以赛代练的思路下，逐渐形成舞蹈队、体育舞蹈队、民乐队、合唱队等八大演艺队伍。六年来，学院一直致力于打造一支综合的学生文艺队伍。目前，八大演艺队伍总人数接近200人，覆盖了整个经济学院和亚南院学生。演艺队伍坚持“一人一爱好，一队一经典”的理念，充分挖掘和培养学生的艺术特长，坚持日常训练与比赛相结合，引进专业的师资力量（艺术学院高年级学生、专业老师）投入到各个队伍的培训和指导中，使得热爱合唱的学生能接受到专业的训练和指导，提升学生第二课堂艺术教育的质量；分管辅导员在第二课堂培训的内容和安排上统筹协调，使学生在接受艺术熏陶和锻炼的同时，进行润物无声的价值观教育，文化育人效果显著。

**文艺中心各演艺队伍基本情况表**

| 队伍名称 | 人数 | 比赛或表演 | 成绩 | 代表作品 | 训练频率 |
|---|---|---|---|---|---|
| 合唱队 | 45—50人 | 五月合唱节 | — | 《在灿烂阳光下》《阳光路上》等 | 每周两次 |
| 舞蹈队 | 25—30人 | 舞蹈节、南强颂 | 六届舞蹈大赛六连冠 | 《踏雪寻梅》《生命》——《梦飞扬》 | 每周一次（日常）；每周三次（赛时） |
| 体育舞蹈队 | 20—40人 | 舞林大会 | 非专业组全校总分第一 | — | 小学期培训课；每周1—2次 |
| 主持队 | 23人 | “我的诗篇”等 | “我的诗篇”一等奖，配音比赛三等奖 | 十九大系列、《红色气质》、话剧《亚南故事》 | 每周一次例训 |
| 礼仪队 | 20人 | 活动礼仪 | — | 《中国颜色》 | 每周一次 |
| 民乐队 | 5人左右 | — | — | 《十面埋伏》《兰亭序》 | 不定时 |
| 西洋乐队 | 5人左右 | 合唱节 | — | 《天空之城》 | 不定时 |
| 演艺策划队 | 25人 | 各大晚会舞美等幕后工作 | — | 经院好声音、文中SHOW | 每学期集中文宣策划、新媒体培训 |

合唱、舞蹈、体育舞蹈、礼仪和主持，都是在一种常态化的第二课堂教育活动中，一届一届地传承下去。以合唱队为例，从《在灿烂阳光下》到《阳光路上》再到《天耀中华》，六年间越来越多的同学加入、学会并热爱上文艺活动。两院学生每年都奉献出优秀的合唱作品，以这样一种润物无声的方式接受价值观的教育，在唱出经典的同时更唱出了时代发展的旋律。

厦门大学第六届校园合唱节汇演

（三）线上创作紧跟时代，实现文艺作品的立体传播

为了通过互联网扩大经典作品的传播范围，2017 年由分管文艺工作辅导员赵小姝带领学生创办了“经苑青听”网络文化工作室，亲自把关选择优秀的线下作品和素材，发挥团队优势进行再创作，以视听作品的形式在网上进行宣传呈现。第一期节目的创作源自港澳台生对瞿秋白故居的参访实践，节目通过撰写网文、配音制作、视频呈现，弘扬瞿秋白的家国情怀与革命精神。在随后的系列推送中陆续还原了焦裕禄等优秀共产党人心系国家、为民造福的信仰追求与责任担当。

公众号“经苑青听”《红色气质》系列推送

党的十九大期间，分管辅导员带领文艺团队中负责宣传的成员集中学习党的十九大，举办了学习党的十九大诗歌朗诵会活动，共同领悟党的十九大所描绘的中华民族伟大复兴的宏伟蓝图。随后，工作室将朗诵会的优秀作品《中国速度》进行了再制作，呈现到网络的有声推送中。通过后期精心打磨，将合唱与诗歌朗诵融合，在“经院好声音，唱响新时代”文艺会演中呈现朗诵作品《献礼十九大》。

在借鉴当下热播的朗诵节目“见字如面”“朗读者”，推出了《见字如面》系列作品。通过对校史校情的深入挖掘，工作室展出了厦门大学校友、爱国女华侨白雪樵的书信，展示出青年学子高尚的爱国主义情操；举办了以“坚定理想信念，争做有为青年”为主题的军旅书信作品展，特邀曾投身军营的经济学院2016级宋心泽同学分享他的军旅经历；此外，工作室还创作了展现浓浓师生情的经院师生的原创书信作品，共三封书信、三段故事，鸿雁传书，春风化雨。

《亚南故事》是工作室在2017年度的重要创作，从锯床脚以刻苦求学的青年趣事，到黄埔江畔象征革命希望的轮船鸣笛，再到撕毁反动政府来信时无畏强权的铿锵呼喊，我们根据史实进行艺术化的合理编排，从剧本原创、舞台话剧编排，到线上有声朗诵作品《亚南故事》的制作，最终将这份优秀与感动传达给更多师生，达到时效性与艺术性的完美结合，生动实现了思想政治教育润物无声的效果。

此外，工作室还推出了以传统年俗体现思乡之情的《北平年景》和以建筑美学为切入点体现爱校之情的《嘉庚筑魂》朗诵推送等作品，旨在培养大家热爱阅读，拓展了“阅读大学—大学悦读”主题作品的呈现形式。

## 三、主要成效及经验

### （一）注重教育引导，作品紧扣主旋律

党的十九大召开期间，辅导员赵小姝带领文艺团队中负责宣传的主要成员集中研讨学习党的十九大会议精神，开展了“十九大诗歌朗诵会”和红色经典电影配音创作活动，不忘共产党人的优秀品质，阐明新的时代意义。通过优秀作品，引领同学们眺望更高、更远、更大的格局。

宣传教育本质重在脚踏实地，重在春风化雨。工作室平台的第一期视听节目《红色气质·上篇》，素材来源于辅导员赵小姝指导、带队的港澳台生暑期社会实践队对瞿秋白故居的参访实践，实践队队长李加义是香港学生，在参访完瞿秋白故居后，他对中国共产党人的红色气质有了更深刻的认识，不久便主动提交了入党申请书。辅导员意识到红色气质的传承，在于润物细无声的宣传实践当中。为了让更多同学感受“红色气质”带给我们的力量，工作室通过播放纪录片展示瞿秋白的家国情怀。

辅导员在网络文化工作室的日常指导工作中，强调作品的教育引导作用，对每期作品的选题和创作上，突出思想先导、紧跟时代潮流，紧扣主旋律。其中，话剧《亚南故事》就是根据学院学科特点，注重发挥学生特长并结合校史校情，充分挖掘厦门大学四种精神的一个典型作品。

（二）落实制度保障，探索文化育人长效机制

近年来，学院一直在探索一套切实可行的激励机制。在坚持新生文艺普查制度以及常态化训练与年度演出、比赛相结合的基础上，给予学生搭建“好声音”文艺会演展示平台，并积极寻求文艺领域的专业支持（培训、演出机会），同时在系列评优政策中制定适当的鼓励政策，激励更多的学生投入到各项文艺活动中。

除此以外，积极尝试文艺活动以选修课和学分的形式供学生参与，在体育舞蹈成功尝试小学期的培训课程，以及校合唱团的合唱指挥选修课、校主持队的播音主持选修课等基础上，鼓励相关演艺队学生统一选修，使文艺从第二课堂走入第一课堂，保证专业性的同时，形成文化育人的长效机制。

（三）发挥互联网的阵地作用，以文化人

“经苑青听”网络文化工作室以日常开展丰富多样的文艺活动为基础，收集和整理八大演艺队的优秀文艺作品以及线下的其他素材，结合诗歌朗诵、合唱、话剧、电影配音等多项艺术形式，择优进行再创作并在公众号进行推送。由此线下优秀作品实现了线上推广，使受众从传统的观众、演创人员拓展到线上的广大网民群体，使传统文艺活动与新媒体实现了深度融合，扩大了传播面，也让文化育人工作变得更为立体化。目前，工作室由辅导员担任运营团队负责人，深入贯彻党的十九大精神，培育和践行社会主义核心价值观，以培养担当民族复兴大任的时代新人为着眼点，把价值观教育引导融入线上有声网络文化作品的创作中去。工作室注重实践导向，关注时事热点，注重对优秀中国传统文化、厦门大学人文历史资源的艺术挖掘。充分发挥互联网在思想政治教育中的阵地作用，以文化人，取得了良好的宣传和教育效果。

## 四、下一步加强和改进的计划

在原有文艺队伍的基础上，引入艺术学院、体育教学部等更专业的教师团队进行专业的培训和指导，将第二课堂教育活动与第一课堂专业

授课有机结合起来；继续挖掘传统文化和厦大四种精神精髓，结合学生喜闻乐见的活动形式，注重活动和作品后期的深耕细作，打造精品；加强网络硬件设施建设，提高新媒体技术，通过打造一支更专业运营团队，提升线上作品的质量。

**项目负责人：**赵小姝

**成　　员：**邱旺土　周　蕾　何丽萍

# 践行嘉锡精神　催化科学梦想

福州大学

新形势下着力推动习近平新时代中国特色社会主义思想进校园、进课堂，入脑入心是思想政治工作和德育工作的首要任务。根据《高校思想政治工作质量提升工程实施纲要》的精神，加强提升工程的顶层设计，坚持把破解高校思想政治工作不平衡不充分作为问题导向，着力构建一体化育人体系，打通育人最后一公里。福州大学化学学院的前身——化学系，由著名化学家、全国人大常委会原副委员长、中科院原院长卢嘉锡先生在1958年福州大学成立之初创建，是福州大学设置最早的系之一。化学学院从创建以来一直秉承着筚路蓝缕的精神，延续艰苦创业、守业、再出发、再前行的优良传统，形成了独特的卢嘉锡严谨求实治学精神。化学学院始终秉承嘉锡精神为价值引领，从宏观、中观、微观各个层面一体化构建育人工作体系，实现各项育人工作的协同协作、同向同行、互联互通。

## 一、项目主题与思路

党的十九大报告明确提出，新时代我国社会主要矛盾是“人民日益增长的美好生活需要和不平衡不充分的发展之间的矛盾”。这是对我国社会主义初级阶段的时代性特征之一的科学认识，是用历史唯物主义基本立场和方法提出的指导党和国家各方面长期工作的重大战略洞见。主要矛盾的变化对人们的观念、心理素质以及社会意识等方面产生了非常严重的冲击。特别对于正处在人生转型的关键时期，对心理不成熟向成熟方向转型变化的大学生影响较大。首先，思想政治教育供需不平衡。高校作为思想政治教育的供给方，不能积极回应学生所关切、所需求，在内容提供上往往千篇一律，在工作形式往往采取自上而下的教导，效果不佳。其次，思想政治教育工作不充分。十年树木，百年树人。育人的工作是个大系统的工程。高校的思政工作往往没有很好遵循人才培养的规律，在制度设计、工作落实、效果反馈等方面存在不具体、落实不充分等问题。再次，没有做好育人的最后一公里。高校辅导员是对大学生进行思想政治教育的重要队伍。他们的实际工作就是要服务育人。但是，辅导员往往受困于许许多多的日常事务，导致辅导员常做补缺补漏工作。进教室、进宿舍等了解学生、掌握学生的良好制度都没有落实好，最后一公里的作用明显缺失。因此，面对这样严峻的实际状况，立足于大学生思想政治教育中存在的不利因素具体问题具体分析，采取有针对性的解决方式迫在眉睫。

化学是一门以实验为基础的自然科学，化学实验在化学学习中具有极其重要的作用。很多人认为化学专业是比较辛苦的专业，将来就业也是到相对艰苦的行业。历年来，福州大学化学学院的学生中属于第一志愿报考的仅占35%左右。学生在专业的认同、进校的学科学习及将来的发展方向等方面都将深刻地影响着人才的培养。习近平总书记指出："思想政治工作从根本上说是做人的工作，必须围绕学生、关照学生、服务学生，不断提高学生思想水平、政治觉悟、道德品质、文化素养，让学生成为德才兼备、全面发展的人才。"为此，化学学院本着让不懂化学的人了解化学，让了解化学的人热爱化学的工作理念开展工作。第一，把准学生的思想脉搏，积极回应学生思想关切，帮助学生解疑释惑，引领学生成长成才。学生思想认识的疑惑是学生思想关切的集中反映，这种思想关切往往来自学生对特定事物的感知、认识、理解。"物有本末，事有终始。知所先后，则近道矣。"第二，紧跟时代的发展进路，牢牢抓住学生思想政治教育的时代主题，捕捉思想政治工作时机因时制宜、应时而动、顺时而进。具体来说，就是高校学生思想政治工作的目标理念、方针原则、内容任务和方法手段要关注时代发展、紧扣时代脉搏、顺应时代潮流、反映时代要求，捕捉合乎学生思想认识接受特点的时机相机而动。第三，要适应情势的演进常态，结合世界新变局、社会新变革，适应广大学生网上学习生活的新常态，推进高校学生思想政治工作创新发展。

## 二、实施方法与过程

主动聚焦“为什么学化学”“如何学好化学”“学化学能干什么”，采用了形象教育法、实践锻炼教育法、榜样教育法、自我教育法等。从学校的校史馆、档案馆、陈列室，整理收集了卢嘉锡老先生珍贵的历史资料，梳理总结了卢嘉锡先生“三有”思想：有着文化自信基础上的爱国情怀和民族大义；有着立志高远的科学精神和筚路蓝缕、攻坚克难的求真务实作风；有着崇德尚学、提纲挈领的系统教育思想。“三有”的丰富思想为我们开展思想政治教育工作有着重要指导作用。据此，通过“期望—参与—认同”的教育工作路径的设计，把嘉锡精神的引领作用融入“知—行—信”的三个阶段。内化于心，外化于行，旨在培育嘉锡精神，提升大学生的学科认识和科学素养，为将来的为学和为人指明方向。

（一）“知”：践行嘉锡精神，树立正确价值观

第一，做“顶天”工作，植精神之魂。宣传卢嘉锡的文化自信基础上的爱国情怀和民族大义。通过观看卢嘉锡纪录片、参观卢嘉锡生前工作室，感受卢老先生的爱国精神，为学生筑牢精神之魂。第二，举行富有仪式感的活动。开展纪念卢嘉锡先生

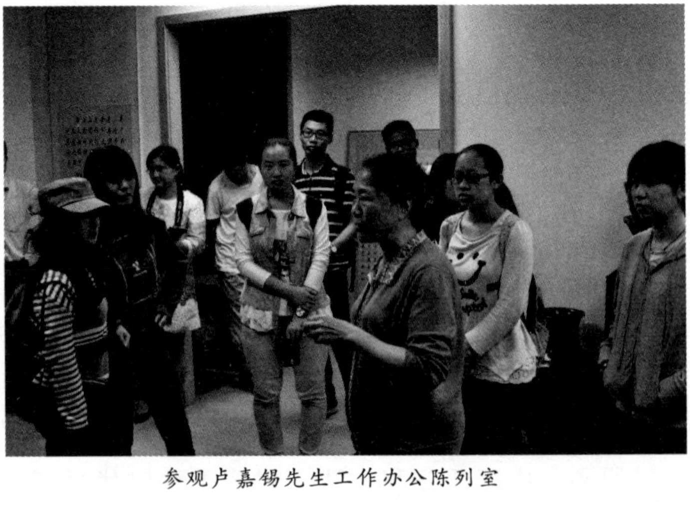

参观卢嘉锡先生工作办公陈列室

100周年诞辰宣誓活动，组织学生参加三种精神雕塑揭幕仪式，举办纪念卢嘉锡100周年诞辰图片展等系列活动，在活动参与中回顾历史，在交流学习中传承嘉锡先生严谨求实的治学精神。第三，做“立地”工作，走近平凡中的不平凡。“Clear Hand，Clever Hands，Clean Habit.”“C3H3”是卢老先生生前的座右铭。虽是朴实的言语，却折射出其背后的精彩人生。他只是一个平常的人，却笔耕不辍，将自己的人生描绘得精彩至极。他立志高远的科学精神和筚路蓝缕、攻坚克难的求真务实作风是当代学生学习的楷模。

（二）“行”：明志于心，践志厉行

兴趣是最好的老师。一旦有了兴趣，碰到再多的困难都会迎难而上。本着让不懂化学的人了解化学，让了解化学的人热爱化学的工作理念，教育引导学生坚定信念，励志前行。

1. 积极答疑解惑，消除专业思想。提高学生专业知晓度、认可度和满意度，端正学生专业学习态度是工作重点。通过对年级学生排查，摸清专业态度不端正和学习困难学生的人数、分布以及学习困难的程度，并汇总学生的专业困惑与疑问，有针对性地开展谈话谈心工作。以专业思想教育为切入点，培养学生对专业的兴趣和感情。这次工作坚持从新生入学抓起，贯穿四年大学生活始终。一是以新生入学教育为契机，加强新生的专业思想教育。邀请卢嘉锡女儿卢葛覃老师为新生做嘉锡精神的教育活动。帮助学生树立学化学、爱化学的良好氛围；二是组织新生参观学院“院史展厅”和重点实验室，让

“科学与梦想”——付贤智院士与嘉锡班学生面对面交流

同学们体会“筚路蓝缕”的院训精神，激发对学科的信心和兴趣；三是发挥学院学科优势和师资优势，为学生举办嘉锡化学讲坛系列活动，让同学们了解自己所学专业能够在哪些领域就业；四是着力转变贫困生中的专业思想，支持他们参加助研和担任教师助手，帮助他们更为直接地了解专业和就业前景；五是开展“学院士、学先进、促学风”为主题的学习身边先进人物活动，让同学相信，经过不懈地努力拼搏，他们当中也将有一批人才步入科学的殿堂；六是举办“化学与生活趣味知识竞赛”，让同学们在轻松的氛围中更好地了解化学，热爱化学，从而培养浓厚的专业认同。

2. 做实职业规划，培养学习兴趣。作为辅导员，通过经常给学生讲卢嘉锡出国留学的事迹及其科研道路的小故事，让学生走近卢嘉锡、走进卢嘉锡。鼓励学生早点定好目标，并为之努力奋斗。特别是要帮助学生树立职业理想，培养学生的学习兴趣，激发他们的学习动力，以提升学生的学业成绩。如开展“我心中的嘉锡”“学化学可以做什么”的大讨论等活动。另外，针对每个学生情况，了解学生未来职业理想。建立职业生涯规划的指导制度，按照准备就业、准备考研、准备出国等多种类别进行差异化、个性化指导，让同学们学习有目标、有针对性，不让一位同学掉队。

3. 建立帮扶机制，帮助后进学生。学生学习的进步和成绩提高不仅需要个人的努力，而且也需要来自专任教师、辅导员和同学的帮助。针对学生学习困难的不同特点和成因，冷静分析、区别对待、对症下药，取得了良好的效果。对于缺乏动力型，采取典型示范、鼓励鞭策的办法，激发他们的学习兴趣和学习动力；对于方法欠缺型，通过成立学习互助小组，安排学习优秀的高年级的同学、硕士生、博士生定期对他们进行“一对一”帮助，答疑解惑，提高成绩；对于能力薄弱型，通过安排教学名师、专业教师定期与他们谈话和指导，帮助他们提高学习能力；对于心理波动型，全程关注这部分学生的学习和心理变化，及时解决他们的疑惑，帮助他们调整到良好的学习状态。

（三）“信”：坚定信仰、学科自信、文化自信

自信源于崇高的理想和自我的觉醒。说服自己是最好的选择。组织与信仰对话的活动，如邀请原校长吴敏生教授、国家杰青出席活动并做报告，举办高水平思想盛宴每年达到 70 多场。

福州大学原校长为嘉锡班学生做报告

开展出国研修、硕博沙龙、博思论坛等一系列活动，在良好学术氛围的熏陶下，涌现出一批学术达人，如博士生董海燕荣获 2015 年美国药学会研究生奖学金。该项奖学金全球共有 5 人入选，董海燕是 100 多位国际申请者中唯一入选的中国学生，其他 4 名获奖者皆为美国的学生。在学科自信方面，学院研究生每年发表的高水平论文有 300 多篇，这对学校在 2017 年荷兰莱顿大学排行榜中论文引用数据全国排名第一的骄人成绩做出了绝对突出的贡献。聘请北大统战部原部长卢咸池教授和卢嘉锡基金会秘书长卢葛覃女士担任嘉锡化学班的名誉导师；开展嘉锡化学讲坛，邀请付贤智校长等专家与学生面对面，组织嘉锡班学生赴清华、北大等名校交流学习，开阔视野，感受名校学习氛围，拓展视野，增强

学生的自信心。

学生从了解嘉锡精神的"期望"，到对嘉锡的不断认识和深刻体会，再到求学路上不断以嘉锡前辈为榜样，到科研工作中去。实践出真知，他们掌握了知识、学会了思考、实现自我的升华。"期望—参与—认同"教育工作路径的不断演进，正是立德树人的真实再现。

## 三、主要成效及经验

1. 通过嘉锡精神的宣传教育，每个学生都深受卢嘉锡老先生的影响，在内心深处始终把学院的创建者卢老先生作为自己学习和超越的对象。无形当中形成化学学院特有的嘉锡文化。

2. 优良的嘉锡学风。秉承学院学习氛围浓厚的传统，以端正专业学习态度、确立学习目标、加强师生沟通、坚持全员育人为重点，多措并举，努力营造热爱学习、创先争优的良好氛围。加强学风建设，出台《化学学院关于加强学风建设的管理规定》，并推行"三无制度"—"无请假、无早餐、无迟到"；建立晨读制度和晚自习制度；推行"扬帆计划"，开展学习经验交流会、具有专业特色的学术活动；建立学习互助小组；严肃考风考纪，加强考场纪律管理，鼓励学生珍惜时光、立志成才。

3. 科研成果突出，彰显科学精神。卢嘉锡老先生经常倡导在科研上要以严谨的态度对待实验，鼓励学生独立思考，学会举一反三。发挥自身学科特色和专业优势，以科研训练和科技创新为总的出发点和落脚点，不断提升学生的科研创新能力。学生参与的论文发表在SCI上的达400多篇，获得国家奖学金的博士生人数占全校获奖人数的60%，硕士生占11.4%，远远高于全校平均水平。

4. 考研成绩斐然，英才辈出。积极鼓励学生弘扬筚路蓝缕的嘉锡精神。三年来，考研工作卓有成效，2015届考研率为38.51%，2016届为39.03%，2017届则高达46.1%。宋晓荣博士生荣获卢嘉锡优秀研究生奖，1名博士生荣获宝钢优秀学生奖，1名博士生获美国药学会研究生奖学金，多名博士、硕士生在国际化学与材料学科顶级学术期刊

《Angewandte Chemie International Edition》等杂志上发表学术论文。

## 四、下一步加强和改进的计划

1. 注重学理探究。紧紧围绕立德树人，遵循人才培养的规律，按照高校思想政治教育的工作规律，深挖学院发展中的优秀成果，通过探究，认识到思想政治教育成效系多因素协同作用的过程，其形成机理包括“期望—参与—满足—认同”的内生机制和“期望—整合—优化—共建”的外生机制，是内生机制和外生机制深度融合的结果。

2. 加强对嘉锡精神的育人机理的探究。从“知—行—信”三个环节，打造出“知”就是引导力，“行”是推动力，“信”是软实力，协同协作、同向同行、互联互通的自我良性循环。

3. 做好嘉锡精神在顶层设计的方面考量。加强其内涵的挖掘、外延的扩展研究，打造富有嘉锡印记的学科文化、校园文化等。在微观方面，针对嘉锡化学创新人才实验班的学生试验“一对一导师制”“谈心制”“联系制”“科研制”等管理新模式，助力创新人才培养。

化天地万物之神奇，学上下五千之精华。这是化学的魅力，更是化学人孜孜不倦的追求。在学生成长的道路上，继续践行筚路蓝缕、立志于行，用满腔沸腾的热血，点亮前进的每一盏灯。让嘉锡精神薪火相传，让三种精神永放光芒！

**负责人：**蓝荣聪

# 冰心大爱，三善起航

福州外语外贸学院

辅导员工作是高校培养中国特色社会主义事业建设者和接班人的重要途径，是培养高素质人才的重要抓手，在我国高等教育中扮演着重要角色。中共中央国务院《关于进一步加强和改进新形势下高校宣传思想工作的意见》明确指出，加强和改进新形势下高校宣传思想工作要着力增强大学生思想政治教育针对性和实效性。为了夯实学生工作品牌建设，福州外语外贸学院以“善心、善言、善行”为教育理念，通过与福建省冰心文学馆共建，创立“冰心大爱，三善起航”志愿实践服务项目学生工作品牌，长期进行冰心大爱志愿服务，以实际行动展现冰心“爱”的精神。通过“冰心大爱，三善起航”项目，依托冰心文学馆共同搭建实践育人平台，培养大学生社会责任感，在学术研究、文学普及、宣教活动、暑期社会实践等方面进行广泛合作，服务当地。

## 一、项目主题与思路

冰心是伟大的爱国主义者，她一生对国家和民族充满了热爱。长乐是冰心先生的故乡，是大爱精神的发源地。“冰心大爱，三善起航”志愿实践服务项目以建设服务型志愿学生组织为主要内容，引导青年师生知行合一、做实干家，将志愿服务常态化，依托冰心文学馆共同搭建实践育人平台，通过开展成效明显、具有示范性的志愿服务活动来提高大学生素质，增强服务能力，从而进一步引导师生在志愿服务中将所学知识内化于心，形成自己的见解，学会担当社会责任。

“冰心大爱，三善起航”项目结合我校“善心、善言、善行”的教育理念，长期开展志愿实践活动。志愿者在周末和节假日到文学馆进行志愿活动，同时组织大学生参与冰心文学馆举办的“走近名家、走近经典、走近科学”系列讲座。2015年，项目的志愿者开展了以“情系冰心献爱心，福外学子下乡行”为主题的社会实践活动，被评为“2015年福建省大中专学生志愿者暑期三下乡社会实践优秀团队”。2016年、2017年，成立“让爱走更远”的团队，实践队员下乡到冰心的故居横岭村，在横岭村了解冰心故土，传播冰心精神。2018年，志愿者们开展以“传冰心文化，展闽都风采”为主题的“少年逐梦，未来可期”小候鸟（流动儿童）公益成长夏令营，21名志愿者通过言传身教向孩子们传播冰心的大爱精神，教会他们如何从小培养爱人、爱世界的优秀品质。“冰心大爱，三善起航”志愿实践服务项目团队采用薪火相传模式，每年选拔招收新生志愿者进入团队，保证队伍的朝气与激情，同时志愿者团队在冰心精神和志愿者精神引领下，生根发芽，久久长青。冰心先生的文品、人品和大爱精神对于大学生思想政治教育有很大的帮助，学生通过志愿实践活动加强自身品德修养，成为品德高尚、身心向善、人格健康的人，同时他们也成为宣扬“爱”和“善”的实践者。

## 二、实施方法与过程

### （一）共建“大学生教育实践基地”

为了让在校大学生更好地理解和感悟我校“善心善言善行”的教育理念，“冰心大爱，三善起航”志愿实践服务项目与福建省冰心文学馆共建大学生教育实践基地。教育实践基地依托冰心文学馆，在长乐街道、社区、中小学开展志愿服务活动。

### （二）创建志愿服务体系，招募志愿者

“冰心大爱，三善起航”项目面向全校公开招募志愿者。项目负责人结合学校与报名者的实际情况，充分发动团总支学生会、党支部等学生组织的骨干成员，采取由老师掌控全程，学生干部直接参与选拔细节的形式，严格按照材料递交、初审、面试和综合评分的顺序，公平公正地

在全校筛选出了30名志愿者。选拔工作井井有条，同时又锻炼了学生的组织与应变能力，更重要的是充分调动了学生的主动性与积极性，增强了学生组织的凝聚力。选拔工作后的志愿者培训工作更加重要。为了更好地培训志愿者，项目负责人结合目标培训对象的基本情况，多方面采集有关素材和相关的培训资料，对志愿者进行个性化的培训，使志愿者能够更加生动、灵活地记忆服务常识。志愿者招募活动得到学校的大力支持，志愿者的顺利招聘，也为冰心文学馆带去了新的血液。志愿者们以实际行动展现冰心先生“爱”的精神，为社会服务与奉献，为实现“中国梦”贡献自己的力量。

（三）开展各类培训及活动

2015年以来，志愿者们协助冰心文学馆开展“走近名家、走近经典、走近科学”的系列活动。举办了小橘灯照亮我们——冰心与儿童文学、光辉灿烂的闽都文化、谈谈生活、《繁星·春水》、“从‘香港文学’看世界华文文学”等多个讲座，开展“手绘风筝，放飞梦想”“给世界爱和美”等演讲。丰富多彩的活动提高了大学生们的文学素养，帮助他们明确大学生活的意义。各类活动也为大学生们提供了激发青春才华，塑造梦想，张扬个性魅力，展现不凡风采的青春舞台。

（四）举办各类社会实践活动

“冰心大爱，三善起航”项目开展了各类的社会实践活动，支持和鼓励志愿者们在实践中成长成才。积极倡导“善心、善言、善行”的教育理念，育善心、纳善言、践善行，择善而从，至善树人，努力塑造健康文明的新时代大学生形象。

（五）建立评价以及激励机制

“冰心大爱，三善起航”项目在每年志愿者日进行隆重的周年表彰大会，对表现突出的工作人员予以表彰并表示诚挚的敬意。同时建立合理的评价体系，通过“履职档案”将所参加的活动、工作、培训进行详细的记录。

## 三、主要成效及经验

### （一）成立冰心志愿者讲解员队伍

2014 年 12 月 5 日是国际志愿人员日，“冰心大爱，三善起航”志愿者们成立冰心文学馆首支志愿者讲解员队伍。首批志愿者由 30 名学生组成，他们参加冰心文学馆每月的讲座学习，并利用自己周末、节假日时间，投身于当地文化的传播。项目登记在册的长期志愿者 135 名，带动参与志愿服务人员 1270 名。

志愿者团队表彰会

周末开展冰心文化宣传活动

（二）知行合一，广泛开展各类社会实践

2015年7月，开展“情系冰心献爱心，社区四点半学校”，此次实践活动主要关注对象为留守儿童，通过社区四点半学校，志愿者们与孩子们一起学习冰心的诗歌《写给母亲的诗》，指导孩子们写信给在外工作的亲人，与孩子们一起游戏，将冰心爱的哲学以另一种方式传播出去。开展“缤纷八月——冰心展”“清明时节缅怀名人，走进冰心文学馆”等活动，对冰心文学馆进行宣传，在长乐这一块爱的发源地里传播冰心大爱精神，获得了社会上广泛的好评。开展“三下乡”社会实践，每年暑假开展以“大爱冰心，纵梦福外”为主题的暑期社会实践活动。他们走访

冰心女儿吴青教授与志愿者实践队合影

志愿者们走进社区

了冰心先生的故居，走进了社区，走进了街道，在传播冰心大爱精神过程中，不仅更加透彻地了解冰心先生所传播的大爱精神，还让更多的人去了解冰心，熟悉冰心，用自己的实际行动践行了大爱精神。暑期社会实践活动的召开旨在通过实践育人，让师生亲身参与其中，受教育、长才干。与此同时，暑期社会实践活动还在社会上引起了很大反响，并荣获了多项个人与集体的荣誉。

（三）开展各类讲座

1. “三个走进”系列活动。2016 年以来，围绕学生立德树人的根本任务开展“走近名家、走近经典、走近科学”的系列活动。活动为大学生注入精神力量，激励他们勇敢追梦。

2. “给世界爱和美”演讲，“手绘风筝，放飞梦想”以及“桃李寻秋，星月点灯”诗文诵读等展演。活动由冰心文学馆主办，“冰心大爱，三善起航”志愿者们承办，活动旨在提高学生的文学素养，增强大家的凝聚力，激发热情，丰富学生的课余生活，对推进精神文明建设具有重大的现实意义。

项目志愿者们承办诗文诵读展演

## 四、下一步加强和改进的计划

（一）加强实践基地共建工作，重视长期合作发展，引导大学生“走出去”服务地方文明建设

进一步增强校馆交流联系，联合冰心文学馆组织开展内容多样的大学生志愿服务教育活动、义工活动，挖掘志愿者典型人物事例，鼓励在校大学生积极参与校馆共建工作，以一带多、以点带面，让更多的在校学生参与其中。在加强对大学生志愿服务教育的同时，与冰心文学馆探索丰富学生志愿者活动实践形式，配合地方文明办，将冰心大爱精神与中国梦、社会主义核心价值观等社会主义优秀文化结合，引导大学生服务地方文化宣传工作，如以大学生志愿服务进社区、进小学、进广场等形式增强大学生社会责任感和提升实践能力，积极建立长期的志愿服务体系。

（二）创新各年级志愿者组织形式

1. 构建分梯度、递进式的社会实践体系。针对本科一年级、二年级学生，开展不同类型的实践活动。大一学生以养成型社会实践活动为主。可结合“团课、党课”教学，组织参观访问、研学旅行等活动，对学生进行生动的思想政治教育。大二学生以社会服务型社会实践活动为主，可以安排志愿服务、社会调研和适应社会发展需求的活动。

2. “冰心大爱，三善起航”项目的志愿活动与班级团支部活动相结合。志愿实践活动与团支部活动相结合，让基层团组织能够整体参与志愿实践服务项目中来，在志愿实践服务中进行思想政治教育，以获得更好的效果。

## 五、结语

学生工作应该在夯实学生管理基础工作的同时，不断尝试学生教育模式的创新，努力提升学生工作在人才培养中的贡献度和学生成长成才的获得感。通过创新引领、融合互动，促进学生奋发成才，形成具有学

生实际工作的品牌特色。“冰心大爱，三善起航”学生工作品牌建设通过新载体、新形式、新方法，能够积极引领大学生思想政治教育，有效地提高高校思想政治教育和学生工作的针对性和实效性，以满足大学生成长成才，追求自我价值的需求。学生参与面广、受益大，形成一定的影响力、知名度、美誉度。辅导员学生工作品牌建设是应用型本科学校在思想政治教育建设方面的有效探索举措。“冰心大爱，三善起航”项目以志愿实践服务教育为主线，带动学生思想政治教育工作，也对其他高校在大学生思想政治教育实践方面有一定的借鉴作用，对于学校的建设和发展具有较为重要的意义。

**项目负责人：**吴晓凯

**成　　　员：**王　欣　修丽萍

# “传承非遗文化，守护闽南记忆”

## ——传统文化进校园主题教育活动

泉州幼儿师范高等专科学校

培育和弘扬社会主义核心价值观必须立足中华优秀传统文化，博大精深的中华优秀传统文化是我们在世界文化激荡中站稳脚跟的根基。“要使中华民族最基本的文化基因与当代文化相适应、与现代社会相协调，以人们喜闻乐见、具有广泛参与性的方式推广开来，把跨越时空、超越国度、富有永恒魅力、具有当代价值的文化精神弘扬起来，把继承传统优秀文化又弘扬时代精神、立足本国又面向世界的当代中国文化创新成果传播出去。”高校具有传承文化和社会服务的功能，对传统文化的守护尤其是地区传统文化的保护是每个教育人应该做的事情。我们应当在民族文化复兴之路上，高举大旗，肩负起传承和守护的责任。

### 一、项目主题和思路

（一）项目主题

本项目是基于闽南传统文化传承这个历史背景和海丝文化建设的时代要义进行的一次主题教育和实践探索，让传统文化走进校园，走进课堂，让高校大学生在传承地区传统文化，服务海丝建设方面发挥积极性和主动性作用。

（二）设计思路

“求木之长者，必固其根本；欲流之远者，必浚其泉源”。弘扬和发展传统文化是我们民族文化自信的展现，也是落实立德树人根本任务的重要基础。泉州不仅是东亚文化之都，也是闽南文化的重要发源地之一，更是21世纪海上丝绸之路先行区。泉州是“一带一路”构想的务实推进者，在推动“海丝”文化国际交流合作和中华海洋文明传承创新上先行示范。泉州坐拥数十项非物质文化遗产，在历史长河中所形成的文化瑰宝，熠熠夺目。因此最好的保护不是把“非遗”送进博物馆，而是让其“活化”，让活化的“非遗”融入现代生活，找到与现代生活的契合点，唤醒非物质文化遗产的价值，成为海丝城市旅游新亮点。对此，我们有着义不容辞的责任。

艺术学院开展“传承非遗文化　守护闽南记忆”主题教育活动，可以概括为“五聚焦，五育人”：结合专业、突出实践，聚焦思想引领，开展宣传教育，深入思想育人；聚焦校园活动，创作文艺精品，创新文化育人；聚焦社会实践，搭建工学平台，强化实践育人；聚焦支部立项，彰显海丝特色，优化组织育人；聚焦社会服务，弘扬传统文化，深化服务育人。以此传承弘扬闽南文化，熏陶学生传统文化情怀，全面提升学生文化素养，服务海丝建设，把传统文化进校园落到实处，增强文化自信。以学生党员和团学干部为先锋，发挥模范带头作用，激励广大青年学生争做中华优秀传统文化的传承者和弘扬者，展现当代大学生健康向上的精神风貌和青春风采。

## 二、实施方法与过程

（一）聚焦思想引领，开展宣传教育——思想育人

召开“传承是最长情的守护——传统文化进校园”的主题班会。通过主题班会使同学了解我国优秀传统文化的特殊魅力，增强对国家和民族文化的自信感和自豪感。感受传统手工艺所蕴含的情怀，以及工匠的精神品质。认识到对传统文化的传承、守护、继承和发展迫在眉睫，是当代大学生义不容辞的责任。传承与守护优秀传统文化应从自身做起，将传统文化融入自己的生活方式，感召更多朋辈人群，赋予其新的时代内涵。

学生手工制作花灯

注：以元宵节为契机，特意召开一次关于“传统文化传承与守护”的主题班会，旨在引导同学们了解传统文化的特殊魅力及其精神内涵，同时激发青年学生对传统手工艺的热爱和传承，进而将传统手工艺文化融入专业，融入生活，实现对传统文化的传承与守护。

（二）聚焦校园活动，创作文艺精品——文化育人

启动“闽南文化：遇见你的前世，共创你的再生”的校园文娱活动。2018 年 1 月，学院学生艺术教育专业和舞蹈教育专业的学生在指导老师黄露斯的带领下创编和演出的大型原创舞蹈诗《梨园赋》在泉州梨园古典剧院上演。《梨园赋》以梨园戏中经典的剧目《陈三五娘》作为整部剧的主线，展现了梨园元素与当代舞蹈相结合的时代性。其中，《梨花蝶舞》节目还获评“2018 年泉州职工网络春晚十佳节目”。2018 年 5 月，学院 2015 级美术教育班（小学方向）学生蔡贤良刻纸工艺《修成正果的青梅竹马之爱》荣获 2018 年“挑战杯——彩虹人生”福建省职业学校创新创效创业大赛三等奖。此工艺品设计集刻纸、灯艺、彩绘、镶嵌等艺术于一体，吸取了窗棂、装饰环纹、人物国画花鸟、木刻纹样、刺绣纹样等多门类艺术造型于一体，具有民间传统艺术形成的多源性特征。

《温陵醉伞》剧照

注：《温陵醉伞》荣获第二届海峡两岸大学生舞蹈大赛作品金奖、表演银奖。

（三）聚焦社会实践，搭建工学平台——实践育人

开展“传统工艺今承古　工匠精神践致远”暑期社会实践活动。围绕以生为本、素质育人的理念，结合专业特色，搭建活动平台，不仅为在校大学生搭建“工学结合”实践平台，而且提升了大学生职业技能与职业素养，增强职业教育的社会影响力；关注社会文化发展，为传统工艺留住手艺，为新工艺注入新活力，实现传统工艺到新工艺的传承与创新，丰富中国优秀传统文化艺术。

（四）聚焦支部立项，彰显海丝特色——组织育人

确立以“弘扬传统文化，服务海丝建设”为主题的支部立项活动。作为21世纪海上丝绸之路先行区，泉州的发展不仅将有效支撑共建“一带一路”构想的务实推进，也将在推动“海丝”文化国际交流合作和中华海洋文明传承创新上先行示范。而作为中华民族未来的建设者——大学生党员，助力弘扬优秀传统文化践行核心价值观便是他们的使命。因此，一年多以来，支部遵照既定方案，引导党员学生继承、创新、弘扬中华传统文化，增强文化自信，全面提升学生文化素养。通过各类演出

学生观摩张坂匠人技艺

活动，以学生党员为先锋，激励广大青年学生争做中华优秀传统文化的传承者和弘扬者，展现当代大学生健康向上的精神风貌和青春风采。

（五）聚焦社会服务，弘扬传统文化——服务育人

在社会服务中，同学们用心传承闽南文化，践行对传统文化的守护，做传统文化的笃信者和躬行者。近三年来，学院师生参与组建的泉州幼儿师范高等专科学校艺术服务队，充分发挥自身的艺术人才与资源优势，全力服务国家、省、市精神文明建设。先后 31 次参加由国家、省、市主办的文艺演出，如“中央电视台春节联欢晚会”“东亚文化之都——泉州”“海上丝绸之路国际艺术节”等，特别是参加 2016 年央视春晚泉州分会场的演出和第三届海艺节开幕式大型文艺演出，赢得了全国观众和海内外嘉宾的高度赞扬，荣获“第三届海艺节筹办工作先进集体”；原创作品群舞《惠女·惠女》和惠女服饰展示《美丽的惠安女》参加央视综艺频道《群英汇》栏目的节目录制，推动了闽南文化的传承与发展；礼仪艺术服务“金砖国家治国理政研讨会”“第一届全国青年运动会”等大型活动、赛事达 500 多人次，荣获“最美青运会礼仪”称号。2018 年，艺术服务队荣获第十一届“泉州青年五四奖章”集体荣誉。

## 三、主要成效及经验

通过“五聚焦，五育人”活动的开展，学院工作成效显著，经验丰富。

（一）主要成效

1. 提升思想育人成效。紧紧围绕“传承是最长情的守护”这一主题，使学生进一步认清了继承、创新、弘扬中华传统文化的重要性，自觉参与到活动中来，增强文化自信，提升文化素养，实现传统文化进头脑，凸显主题教育活动的导向性。

2. 彰显文化育人成效。学院重视对校园文化活动的组织和引领，努力营造积极向上、格调高雅、健康文明的校园文化氛围。通过开展主题鲜明、内容丰富、形式新颖的校园文化活动，扩大传统文化教育的受众面，增强教育的互动性，使传统文化以更加生动和新颖的面孔融入校园；同时有利于学生在活动中自我教育，进一步培养起传承、守护和创新传统文化的自觉意识和责任担当，促进学生成长成才，形成良好的校园文化。

3. 创新实践育人成效。对传统文化进校园及对传统文化资源的运用不能仅仅停留在理论学习的层面，应更多侧重于实践育人。很大程度上，传统文化蕴含的价值转化为思想政治教育的优势也在于实践。社会实践是大学生思想政治教育的第三课堂和重要途径。通过创新实践育人，学生能够将理论与实际结合起来，能够更直观地体会传统文化的内涵，感受其价值，从而在今后的学习中自觉内化为原动力。

4. 优化组织育人成效。支部通过开展创新立项活动，找准了基层支部建设的着力点和落脚点，积极结合青年学生专业的特点开展各类教育与学习活动，不仅增强了支部党员的凝聚力，而且切实发挥了党支部的战斗堡垒作用。

5. 深化服务育人成效。在各类文艺演出、展览中，学生不仅提高了自身素质，同时也为地方文化、海丝文化建设做贡献。在激励广大青年学生争做中华优秀传统文化的传承者和弘扬者上，起到了先锋模范作用。

（二）主要经验

作为未来的小学、幼儿园教师，他们要如何将弘扬传统文化作为自身的使命？如何将传统文化进校园落到实处，既结合专业又突出实践？始终是学院广大教师一直思考的问题。

1. 创建校园文化氛围。蓬生麻中，不扶自直。道德、情操、气质等不是教出来的，而是靠陶冶、熏陶、耳濡目染，在潜移默化中形成的。因此，有意识地挖掘学校文化内涵，将优秀传统文化融入其中，让其参与到教育活动中，显得尤为重要。学院分别在黑板报、专栏、教室、走廊和楼道中，充分展示了学院师生自绘的优秀国画作品，让传统教育渗透到每一个角落。

2. 挖掘专业文化内涵。深入挖掘教材的文化内涵，并通过恰当的方式传递给学生。学院学生主要为美术、音乐与艺术专业。美妙的音乐、优美的歌声、气韵浑然天成的绘画、动听的朗诵、悦耳的语言，能让学生在浓郁的艺术氛围中体味传统之美。

3. 突出核心价值引领。加强和改进大学生的思想道德建设，要从增强和培养爱国情感做起，并着重加强社会主义核心价值观教育。围绕“从我做起，树立社会主义核心价值观”，学院开展了一系列具有针对性、实效性的活动，如经典诵读比赛、道德讲堂、传统文化进校园主题班会等。

4. 贯穿课外实践活动。开展传统文化教育的目的，不仅仅是引导学生学习传统文化知识，更重要的是让学生感悟中华民族优秀传统文化精神，丰厚自己的文化底蕴，提升个人的文化品位。因此，在课外活动、社团活动中，项目组始终把是否有利于大学生文化素养的提高作为重要标准，坚持活动紧紧围绕文化素养教育展开，精心谋划，积极创新，搭建平台，打造特色，构建课外文化活动的品牌。

## 四、下一步加强和改进的计划

（一）“网络的思政”——创新思想政治渠道

传统文化进校园首先要进头脑，做好青年学生的思想工作是首要任务。学院计划从网络思政进行掌握网络阵地的话语权，扩充“传承是最长情的守护”这个主题的外延与内涵。从组织建设到舆论引导都充分运用“互联网＋”的思维，充分尊重学生群体的个性，满足受众需求，用生动鲜活接地气的优秀内容赢得学生的认可，实现对学生价值引领和思想政治教育的最大化。

（二）“行走的思政”——丰富实践活动平台

本项目将致力于开发更多形式丰富的、更加凸显时效性和导向性的创新性活动，作为学生传播和弘扬优秀传统文化的重要基地和实践平台，达到实践育人的实效。例如，开展“拜访泉州十八匠”“听见刺桐之声”“走进古厝里”“舌尖上的古早味”等一系列活动，展现闽南美食、娱乐、语言、技艺等独具风韵的魅力，增强感召力和吸引力。行走在闽南的云端上，体验闽南的吃喝玩乐，传承闽南人的拼搏精神，守护闽南的“咱厝人”情怀。

（三）“品牌的思政”——传承传统特色活动

传统文化是做好大学生德育工作的重要思想资源，应当对其进行合理吸收、创造转化，为当代高校思想政治教育服务。期望通过形成“品牌的思政”，继续开发、创新本项目，不断总结经验，传承传统特色活动，为培育有社会担当的新时代青年而不断努力。

项目组将继续保持踏实、认真的工作作风，秉承厚德载物、勤学创新的思想，不断加强辅导员自身建设，提升思想政治教育实效。相信在学校党委、系党总支的正确指导下，在学院全体师生的共同努力下，传统文化的传承、守护和创新一定会实现。

**项目负责人：**苏秋香

**成　　　员：**陈　暐　王春燕　徐　恒　陈春梅

# 实践育人

# “河小禹”社会实践队

## ——入选全国“千校千项”的实践育人探索

福建中医药大学

“河小禹”社会实践队以推进生态文明建设为切入点，以河流保护以及河长制为项目背景，积极传播“绿水青山就是金山银山”的理念；以社会实践为契机，引导学生了解社情国情，结合自身所学为地区经济建设发展、社会治理等问题提出建设性意见，积极将思想政治教育融入实践，努力实现实践育人实效。

### 一、项目主题与思路

（一）项目主题

在本项目开展过程中，鼓励支持学生积极参与社会实践，坚持以学生下乡实践为渠道，以实践培养学生成才为目标，为社会、为祖国培养优秀的、具备真才实干的接班人。在实践项目的选择上，以 2017 年暑期三下乡的专项行动——河小禹专项，作为本次活动开展平台。以河流保护以及河长制为项目背景，结合习近平总书记的相关讲话精神，探讨河流污染治理以及生态环境保护的热点问题。在活动中，以习近平总书记的讲话精神为指导，更加深刻地感受当下的国情社情，引发学生对于学校之外的社会问题的思考和理解，更好地帮助其了解社会。

（二）项目思路

1. 鼓励自主发展，拓宽思维方式。在传统课堂教学的过程中，要求过于具体，往往束缚学生的思维模式，导致学生只能按照教师设计的思路配合教师开展教学进程，学生独立思考的权利和机会被剥夺。在此次过程中，教师改变以往严格干预的模式，在学生的活动方案设计、活动内容开展、活动宣传方式等问题上，都鼓励学生积极思考，不进行过多的干预和阻碍。教师在更多时候扮演“摆渡人”的角色，不影响学生自主能力的培养和发展。

2. 加强交流学习，培养合作能力。在以往课堂教学模式下，占据主流的还是“传道、授业、解惑”的教学模式，教师在教学过程中更为重视知识的灌输，忽视对于学生协作解决问题能力的培养。在本次项目开展中，活动方案共同设计，遇到问题一起解决，活动过程互帮互助，教师只在学生合作遇到问题时进行引导。这样在培养合作协作能力的同时，还能更为直观地感受合作能力的重要性。

3. 化“被动”为“主动”，培养主动学习能力：学生的首要任务是学习，但是学习不应该是被动地去接收教师的灌输，而应当是成为学习的主人，主动地去获取知识。在活动开展过程中，无论是资料收集整合，还是方案创新设计，都鼓励学生积极主动地去探索，不单单地运用传统的模式进行套用和借鉴，更为重要的是在此过程中，发挥自身智力和潜能，更好地解决问题。

4. 结合自身所学，解决实际问题。在教学过程和辅导员工作过程中，教师通过和学生交流发现，很多学生对于自身所学的专业知识的实际运用能力低，实际解决能力不足，导致其在能力培养和就业竞争等问题上，显得无助。这其中有教学模式的问题，但很大程度上与学生自身不愿思考有关。因此，在活动过程中，教师应鼓励学生运用其所学的管理学知识以及法学知识，去解决在社会实践开展过程中发现的问题，鼓励其为地方建设和发展积极献言献策。

## 二、实施方法与过程

### （一）项目重点

本次社会实践活动的项目围绕河长制以及河流保护为中心，重点围绕以下六个方面开展：一是开展县域河流巡查，在当地河长办人员带领下，完成河主干道全县城巡查。二是宣传河长制主题活动，包含图片展、座谈会、宣讲分享会、入户访谈。三是挖掘河长制落实过程中的优秀案例。四是帮助当地成立一支长期的青年志愿护河队。五是开展一次“我与河长面对面”活动。六是撰写社会实践总结。

（二）实施方法和过程

针对以上重点，学生在探讨和交流的基础上，制定详细的实施方案，保证能按照要求，高质量地完成相应的任务要求。

建瓯市小松镇湖头村站长介绍湿地保护区

1. 对于巡河路线的开展，要求学生立足实际情况，有针对性地开展巡河工作。在深入了解当地的自然生态环境的基础上，选取南平建瓯市小松镇、徐墩镇、江滨河段作为巡河地点，以点带线，更加全面具体地了解当地的河流污染情况。通过对不同河段的观察分析，对比性地研究当地的河流污染问题，在实际观察中发现问题，找出主要矛盾，更好地完成其余项目内容。

2. 宣传河长制主题活动。2016 年 12 月，水利部联合环境保护部、发改委等十部委在全国范围内部署建立河长制。2017 年 3 月，福建省也全面落实建立河长制，加强地区的河流保护工作。河长制的宣传和落实情况成为本项目开展的重点所在。团队学生以当地的实际情况作为出发点，通过与当地水利局以及河长办工作人员的交流，深入了解工作的实际情况，并在此基础上开展宣传活动。通过向当地居民宣传讲解河长制，加强其河流保护意识。与此同时，为了更好地做好宣传工作，团队学生通过发放传单、开展宣讲会等形式，积极创新宣传形式，以视频和歌曲改编等当地居民喜闻乐见的方式，开展宣传工作。

3. 挖掘当地河长制落实过程中的优秀案例。在实地走访过程中，引

保护母亲河，有我河小禹——建瓯市实验小学签名活动

导学生积极了解当地的河流保护开发过程中的故事，选取典型有代表性的案例加以宣传。综合多种因素和考核实际情况，选取建瓯市小松镇湖头村生态开发区的建设项目为典型案例，以项目开发进程为基础，在介绍基本开发项目的同时，将开发过程中的先进理念和优秀做法加以宣传。小松镇湖头村生态开发区项目的建设，不仅仅在于其满足当地居民文化生活需要，更为重要的是其“源于自然，用于自然”的开发理念，在保护河流的同时，进行项目开发，将二者处于稳定平衡的状态。

4. 帮助当地成立一支长期的青年志愿护河队。环境保护工作绝不是一时的任务，更应当是长期的习惯和责任。对于实践活动过程中，要求学生以此为理念，开展实践工作。习近平总书记在党的十九大报告中，对于青年人提出这样的寄望：“青年兴则国家兴，青年强则国家强”。青年人的发展决定了国家的发展。而对于青年志愿者来说，志愿服务活动是帮助青年人更好地树立世界观、人生观、价值观的有效途径，也是帮助实现广大青年社会价值的一个重要途径。志愿护河队的组建，不仅有助于当地河流环境污染的治理，而且有利于当地河流环境保护理念的树立。

但是，在实际开展的过程中，由于其所需要的时间较长，再加上地域不熟悉，导致工作开展的难度较大。为了帮助学生更好地完成此项任务，寻求当地团委的帮助，在其帮助下建立志愿护河队。在当地团委的大力支持下，护河队伍最终落实到位。

我与河长面对面——河小禹献言

5. 开展“我与河长面对面”活动。河长面对面是整个工作的总结和项目汇报工作，由于直接面对当地河长，团队成员的压力较大。在对学生做好相关的思想工作后，学生们积极讨论，将多日走访过程中了解到的实际问题和实际情况，向当地河长报告本次的调查的情况，鼓励学生运用专业所学，积极地对于实际问题提出自身建议、献言献策。在走访过程和资料调查中，对当地不合理采砂和生猪养殖污染这两个河流污染的主要问题作了合作探讨，建议当地合理地开采砂石，实现生猪规模化养殖，以做好防治河流污染的工作。

6. 撰写社会实践调查报告。要求学生认真完成调查报告。在专业的数据分析和理论基础上，做好调查报告的撰写工作。在为期近一周的走访和资料收集后，学生通过调用自身的专业知识，以“水环境管理体制与法制体系研究”为研究课题，研究建瓯市河流管理体系，找出河流治理方面的不足和缺陷；同时，立足于现有的立法依据，研究目前的立法体系和执法体系上的缺陷和不足。针对不足，依靠法学专业知识，提出意见和见解，共同保护河流环境。

## 三、主要成效及经验

（一）主要成效

经过全体成员的共同努力，本项目在国家、省级等平台都获得相应的表彰，得到学院、学校、省团委、团中央学校部的肯定，具体包括：

1. 实践成员撰写的《小松镇湖头村的智与乐》，被中国青年网等多家媒体报道，入选由团中央学校部举办的“千校千项”深化改革知行录。“千校千项”的遴选，不仅仅是对成员们社会实践工作的肯定，更是对于当地建设模式探究的肯定。在文章中，实践成员们以“绿水青山就是金山银山”的理念，肯定了当地对于生态环境保护模式的探究，谋求人与自然的友好共生的状态。

2. 经过专家评选，福建中医药大学赴建瓯开展河小禹专项实践团以第一名的成绩获得2017年福建省大中专暑期三下乡“河小禹专项”十佳优秀团队。十佳团队的荣誉，是对成员们社会实践努力成效的肯定。

3. 经过学院评选，校级组织推荐，指导老师获得2017年度福建省三下乡工作“先进工作者”荣誉称号。

（二）主要经验

传统的学生工作开展，都强调活动的质量，重视活动成果，而忽视对于学生过程的体验感和实际收获，忽视对学生自主能力的锻炼。本次社会实践活动取得一定的成效，探究其中的原因，可大致包含以下两点：

1. 重视学生的自主创新能力培养和团队协作能力。在本次的项目开展过程中，强调学生自身能力的发展，从活动的策划、组织安排、实践实施、问题解决，都强调学生之间的沟通协商，通过集体协商的方式来有效地解决问题。同时，在活动组织上，改变传统的个人统一领导，重视每个人的角色分工和角色定位，每个学生各司其职，发挥自身所长，共同提高活动的质量和实践效果。

2. 鼓励学生积极创新，发挥创新思维。创新是一个民族进步的灵魂，是一个国家兴旺发达的不竭动力，也是中华民族最深沉的民族禀赋，在激烈的国际竞争中，唯创新者进，唯创新者强，唯创新者胜。在社会实践中，无论是活动方案的设计，还是活动的宣传，都鼓励学生摆脱传统模式的限制，运用年轻人的思维模式，完成本次社会实践活动。

3. 在实践中进行思政教育，创新思政教育方式。在学生了解国情社情的同时，在问题的思考中，加入思政教育。特别是学生在活动过程中，积极了解学习习近平总书记的相关讲话内容，深入探究“供给侧结构性改革”，在实践中感受马克思主义原理，改变学生对思政类课程的认知和态度，提高对相关课程的兴趣和热情，更好地促进思政类课程的开展。

## 四、下一步加强和改进的计划

本次社会实践工作的开展，获得了学院、学校以及团省委的高度认可。但是，在活动的规划实施和组织等细节上仍然存在许多的不足和欠缺。为更好地开展社会实践工作，将辅导员工作做到规范化、精品化、科学化，更好地培养学生的自身能力和素养，对于以后的工作开展做出以下规划：

1. 创新思政工作教育方式，将思政教育更好地融入社会实践中，鼓励学生在组建队伍的过程中，配备思政类教师，更好地做好思政类教育工作。

2. 注重学生自主能力的发展和锻炼，鼓励学生在实践中锻炼自身的品质和实际操作能力，不单单以完成任务而开展活动。同时鼓励学生运用自身的专业知识，通过社会实践，更好地理解和掌握自身所学，以增强自身的综合素养。

3. 通过社会实践，更好地了解学生的想法和思维模式，改变传统通过谈话的方式来了解学生，而以与学生一同实践的过程中，培养彼此间的感情。

4. 通过社会实践，帮助学生树立正确的世界观、人生观和价值观。

同时，鼓励学生在社会实践过程中奉献自己，承担起当代大学生所应肩负起的社会责任，树立社会主义核心价值观。

**项目负责人：** 苏婷茹

**成　　员：** 黄应清　黄晓兰　戴丽平　林群新　蒋新利　邱　瑞

# 创新培养模式，打造航海英才

## ——集美大学航海学院航海技术专业“行业英才”计划

集美大学

“行业英才”计划是集美大学航海学院经过长期调研和探索，针对船上特殊工作环境对人才素质的需要及学生的成长特点，整合多方智慧和力量帮助学生成长为航海事业栋梁之材的人才培养模式。简单说，“行业英才”计划聘任现任船长或具备船长资历的双师型教师、航运企业领导和专家，担任航海技术专业学生的“船长导师”，实施“双导师制”（校内导师＋企业导师）的引领模式，通过思想交流、主题讲座、素质拓展、学生活动等创新航海类学生培养模式，打造符合国际公约要求的高级航运人才。

### 一、项目主题与思路

（一）项目的意义和重要性

1. 高素质船员是建设海洋强国的基础。党的十八大历史性地提出了建设“海洋强国”的战略目标。党的十九大提出要加快建设海洋强国。建设海运强国是建设海洋强国和“一带一路”建设的重要组成部分。我国已明确提出了要建立一支“数量充足、结构合理、素质优良”的船员队伍，力争于2020年实现世界船员强国的战略目标。该目标的实现，根本在于建立一支高素质的海员队伍。2012年，教育部和交通运输部印发《教育部、交通运输部关于进一步提高航海教育质量的若干意见》，提出要加强航海类专门人才的海员素质养成教育。

2. 高素质船员是保障船舶安全运行的前提。据资料统计，全球发生的各类海损事故中，80％以上是由船员人为因素造成的。1963年，我国第一艘自行设计建造的万吨货轮“跃进号”因船员素质等人为原因在日本海域触礁沉没。2014年，韩国“世越号”客轮沉没导致296人遇难和8人下落不明。2015年，“东方之星号”客轮发生倾覆，造成442人死亡。经国务院调查组调查认定，“东方之星号”客轮翻沉事件的主要原因是强暴风雨，还有船长及当班大副对极端恶劣天气及其风险认知不足，在紧急状态下应对不力也是事故原因之一。这些悲剧的发生给全球航运敲响了警钟，提升船员素质已是刻不容缓。

3. 高素质船员的培养是新时期航海院校的时代课题。近年来，航海院校扩招致使生源结构发生变化，生源素质下降明显。目前在校大学生多数是独生子女，服从意识缺乏，抗挫折能力不强，对半军事化管理不适应，抵触情绪强。部分学生对航海职业认识不清，不少学生毕业后不愿从事船员职业，导致航海专业人才大量流失。部分学生对航海技术专业不感兴趣，感到前途渺茫，近几年甚至出现新生入学就提出退学和转专业的现象。另外，连续多年的高就业率让学生没有就业压力，导致学生缺少危机意识，学习动力不足，整体学习氛围不浓。因此，加强航海类专业学生思想引领、引导学生正确认识航海职业，树立从事航运事业的志向，提升综合素质，刻不容缓。

（二）项目思路

船舶是流动的国土，船员的言行代表着国家的形象和尊严。船员的素质直接关系着海上生命财产安全和海洋环境保护，关系到国家及航运企业的利益。因此，加强航海类学生素质的培养十分重要。随着经2010年修正的《1978年海员培训、发证和值班标准国际公约》的全面实施，国际航运企业对航海类学生提出了更高要求。“行业英才”计划坚持“立德树人”为根本，坚持“严进严出”标准，2016年起，每年从420余名航海技术专业新生中挑选60名左右品行端正、成绩优良、军政素质过硬、专业思想稳定并立志从事航运事业的学生，以打造“行业英才班”示范团队为目标，通过聘任现任船长或具备船长资历的双师型教师、航运企业领导和专家，担任学生的“船长导师”（按照生师比6：1配备）。

通过思想交流、主题讲座、素质拓展、学生活动等多元培养模式，并在实践技能训练、双语学习、特种船舶、特殊水域、船舶管理能力等方面增加学习模块，实施“双导师制”（校内导师＋企业导师）的引领模式，进行为期三年的综合培养。并且，每年定期根据“行业英才”实施方案启动对不合格学生的淘汰机制。“行业英才”计划是在完成航海技术专业“卓越工程师”培养目标的基础上进行人才培养模式再创新，以提升学生的社会责任感、创新精神和实践能力，培养具有诚毅品格的应用型航海拔尖人才。

## 二、实施方法与过程

（一）校企共商共建共享，保障“行业英才”计划契合行业要求

新时期，针对船上特殊工作环境对人才素质的需要及航海类学生思想行为特点，集美大学航海学院经过长期调研和探索，提出了“行业英才”实施方案。学院多次召开航海技术专业行业英才培养模式研讨会，并邀请16家航运企业27位行业专家代表参与研讨。以校企联动，共商共建共享形式确定的培养目标、引领模式和培养方案，突出专业发展趋势和实践需求，能契合行业要求，具有创新性和可持续性。

（二）坚持“严进严出”标准，确保“行业英才”计划取得实效

计划以“立德树人”为根本，坚持“严进严出”培养标准。由学生本人在大一年级结束前向学院提出申请，学院根据学生近一年在思想认识、道德品质、学习成绩、半军事化管理“一日生活”、军事素质和其他日常方面的表现确定初步名单。邀请航运企业专家、船长和学院船长教师组成考核组，分别从英语水平、专业思想、励志从事航运事业决心和职业生涯规划等方面对学生进行面试，确定最终名单。结合学生日常综合表现，学院每年根据“行业英才”实施方案启动淘汰机制，淘汰不符合计划要求的学生，并以相应名额吸收新申请学生进入“行业英才”班。这种“严进严出”和“有进有出”的培养模式，极大地激发了学生向上向学之心，有力地保证了“行业英才”计划取得实效。

（三）创新课程学习模块，提升学生专业知识与实践能力

“行业英才班”在完成“卓越工程师”培养目标的基础上，实施“双导师制”的引领模式，在实践技能训练、双语学习、特种船舶、特殊水域、船舶管理能力等方面增加学习模块，学习内容更丰富，技能训练更优化，与企业的结合更紧密。在课程学习中注重理论联系实践，提升参与式、体验式教学的比例，改革专业课程考核形式，增强专业知识运用能力。通过创新课程学习模块，有效地提升学生专业知识与实践能力。

（四）强化半军事化管理，培养学生令行禁止和雷厉风行的优良作风

航海职业具有艰苦性、独立性、流动性和涉外性，这就要求航海类学生具有高度集体主义观念，坚定的意志和奉献牺牲精神以及严格的组织纪律性、服从命令、令行禁止和雷厉风行的优良作风。航海职业还具有国防性，是海军预备力量，具有半军事化性，战时可直接参战或担任军事物资运输任务。因此，航海类学生还要具备一定的军事素质。为加强学生半军事化管理，学院进一步完善了《集美大学航海类专业学生半军事化管理办法》。学院半军事化管理办公室主任、辅导员、中队长和区

“行业英才班”参加集美大学航海类学生军事会操

队长负责落实强化学生一日生活制度和军事训练，每学期对训练结果（军事素质、内务建设等）进行考核。

（五）深化理想信念教育，大力培育和践行社会主义核心价值观

结合嘉庚精神和诚毅校训，在“行业英才班”中深入开展中国梦和中国特色社会主义教育，深入开展“社会主义核心价值观”宣传教育活动。结合航海专业的学科优势及学生特点，开展“学习习近平总书记讲话，做合格共青团员”“学习十九大精神·争做新时代航海人”“弘扬嘉庚精神·传承航海文化”系列主题教育活动。依托学院团委品牌工作，广泛开展“我为核心价值观代言”“青春正能量，航海梦飞扬”系列主题团日活动，并不断深化学院持续20多年的“嘉庚爱国情·青春志愿行”学雷锋志愿服务活动，教育引导学生践行社会主义核心价值观，坚定理想信念。

（六）大力开展“海”味校园文化活动，全面提升学生综合素质

学生到厦门船舶交通管理中心和厦门海上航道进行专业素质拓展

学院注重开展主题鲜明且具有航海特色的校园文化活动，“海”味十足。每年举办五四表彰大会暨航海歌手赛，积极参与集美大学航海文化节、集美大学海洋文化节。举办四大品牌赛事（航海技能大比武、航运知识竞赛、港口货运设计大赛和物流案例分析大赛），开展“航海人”“航海有约”系列讲座，举行“船长论坛”，组织开展“嘉庚爱国情·青春志愿行”志愿服务等具有航海特色的主题校园文化活动。专业素质拓展方面，参观了厦门引航站，在厦门周边水域海上航道进行了航标识别、

利用船标测定船位，在厦门海事局支持下组织学生到厦门船舶交通管理中心分批次进行船舶交管值班学习，在全球最大的教学实习船“育德轮”完成海上认知实习等。

### 三、主要成效及经验

“行业英才”计划育人效果逐渐显现，学生的思想认识、学习动力、行为举止、人生目标逐渐转变。经过几年的积淀，“行业英才”计划已成为航海类学生提升自我、培养优良作风、增强专业知识和专业技能的重要平台，也是学生最为期待、努力争取的精品项目。

荣获团中央学校部高校共青团“活力团支部”称号和福建省“五四红旗团（总）支部”称号

#### （一）强化思想引领，增强班级凝聚力，打造“活力团支部”示范标杆

“行业英才”计划把航海梦与中国梦、中国特色社会主义教育有机融合，在培育和践行社会主义核心价值观中不断坚定学生理想信念，培养有理想、有追求、有担当、有作为、有品质、有修养的大学生。“行业英才”计划有效激发了学生自主参与的意识、自我学习的动力和自我教育的潜能。学生所参与的各项活动成绩斐然。60 名学生组成的“行业英才班”现有党员 14 人，入党积极分子 44 人；班级奖学金获得比例高达 93.3%；2 人荣获中国青年志愿者协会授予的“金砖国家领导人厦门会晤优秀志愿者”荣誉称号；2 人荣获第四届中国海员技能大比武三等奖；人人参与志愿者，其中 22 人成为中华骨髓库志愿者，血小板捐献 5 人

次，累计献血超过20000毫升；2人参加多地举办的中华龙舟赛，连续三年参加海峡两岸龙舟赛，2018年荣获青少年男子组200米、500米直道赛第一名和青少年男子组团体总分第一名。“行业英才班”还荣获2017年福建省“五四红旗团支部”称号，2017年10月荣获团中央学校部组织开展的全国高校共青团“活力团支部”荣誉称号。

（二）贴近学生实际，增强教育感染力，构建“专业—校训”文化教育模式

学院注重把嘉庚精神和“诚毅”校训与航海专业特色校园文化活动有机融合，构建“专业—校训”文化教育模式。校训文化活动可以让学生在培育和践行社会主义核心价值观中涵养人文素质、强化责任担当。主题鲜明的航海特色的校园文化活动则可以引领学生全面领会航海文化、实践航海文化、创新航海文化，从而坚定专业思想、励志从事航运事业。调查显示，100%的同学认为“行业英才”计划对自身有益，90%以上同学由此改变了对航海事业的认知。

（三）“双导师制”引航，引导学生坚定专业思想、励志航运事业

计划实施“双导师制”（校内导师+企业导师）的引领模式。企业导师（航运企业船长或管理人员）在与学生的日常互动中注重从航运事业发展现状和趋势、航运经济、国际航运人才要求和航运企业人才需求等方面进行引导。校内导师（具有船长资历教师）注重从学业发展、技能训练和创新实践能力等方面对学生进行培养。辅导员配合双导师开展好学生思想引领、半军事化管理、社会实践和素质拓展。“行业英才”计划搭建的用人单位和航海院校的沟通平台，根据行业人才培养特点，注重将用人单位对人才的需求和学校对人才的培养有机结合。各航运企业选派船长参与“行业英才”计划，在引领学生成长成才过程中，可以更早、更全面地了解航海类学生的思想行为特点，可以避免学生毕业招录时过于草率。学生可以通过船长导师对航运企业有一个比较客观的认识，从而坚定专业思想，励志从事航海事业。“行业英才”计划实施以来，有效解决了航海类专业学生心中长期想解决而未解决的“三个不清晰”，即对

航海事业认识不清晰、对海员职业的重要性认识不清晰、对自身未来职业规划认识不清晰。

## 四、下一步加强和改进的计划

“行业英才”计划目前已经在航海技术专业两个年级得以实施，影响深远，效果明显。总结计划运行两年多来的经验，更好地发挥“行业英才”育人实效，将在以下几个方面加以改进：

1. 推动全员育人。“行业英才”计划是一项系统、复杂、长期的工程，需要学校学院各部门协同配合，需要全体教师共同参与，需要校企通力合作。推动全员育人，增强校企融合，增加师生互动，是计划推进的有力保障。

2. 搭建三方平台。要加大力度聘请国内外知名的高级船长和港行企事业单位领导担任学生导师，搭建管理部门、用人单位和航海院校的沟通平台，将用人单位对人才的需求、管理部门对人才的要求、学校对人才的培养有机结合。

3. 争取专项经费支持，为计划开展提供充分的资金保障。

4. 延伸引领模式。对“行业英才”班学生的引领延伸包括两个阶段：学生阶段和工作阶段，引领时限不少于十年，包括在校四年和毕业后六年，简称“十年制”。在工作阶段（六年），由学院导师和企业导师配合，关注和帮助学生职业发展，尽快取得船长证书，以在航运事业中有所作为。

**项目负责人：** 肖　辉
**成　　　员：** 周　鹏　曹宝根　陈自发　连志坡　刘汇川　张釜迪　王　周

# 打造全方位双创教育平台
# 助力学生实现“创客”梦想

## ——“M—创园”创新创业教育探索与实践

闽南师范大学

习近平总书记强调，全社会都要重视和支持青年创新创业，提供更有利的条件，搭建更广阔的舞台，让广大青年在创新创业中焕发出更加夺目的青春光彩。闽南师范大学法学与公共管理学院“M—创园”旨在为学生搭建一个激发创意灵动，孵化项目落地，实现多层次、全方位创新创业教育的平台。

### 一、项目主题与思路

在“M—创园”创新创业平台中，M代表四层含义：第一，指maker，意为创客，指广大投身于创新创业实践活动中的青年学子；第二，指motivate，意为激发、激励，希望“M—创园”这一平台能激发同学们的创新意识和热情；第三，指mature，意为使成熟，表示这一平台能培育创新创业项目成长；第四，指more，意为更多。

“M—创园”平台以“挑战杯”、“创青春”、“互联网＋”创新创业大赛、“大学生创新创业训练计划项目”系列赛事为龙头，其他各类学生课外学术科技竞赛为支撑，通过开展大学生双创培训班、项目申报专家座谈会、创业导师“1＋1”项目、双创经验交流会等形式多样的培训活动，将创新创业项目孵化、培育融入学院人才培养体系，引导师生主动参与创新创业工作，逐步形成“全员参与、全程锻炼、全方位指导”的创新创业教育模式。

### 二、实施方法与过程

（一）统筹平台构建，完善组织架构

“M—创园”成立创新创业平台工作小组，由学院党委书记和分管教学副院长任组长，指定负责创新创业专项工作的辅导员任副组长，成员包括院长助理、各系主任、科研秘书、教学秘书、辅导员及部分专任教师。行政人员及辅导员主要负责研究、制定有关政策，同时组织学生进行项目申报、参赛，按照“素质导向、模式创新、资源整合”的原则对“M—创园”科创项目和比赛进行指导和管理。学生创建科创部，负责平台的日程管理工作。

（二）聘请知名专家，打造精英导师团

“M—创园”导师包括校内导师和校外导师。校内导师主要分为两种类型：一是聘请具有创新创业和就业指导专业素养的老师为学生提供创新创业理论知识，此类导师为常驻型导师，定期为学生开展相关课程；二是学生在参与各类双创赛事中，根据项目需要跨学科、跨专业聘请指导教师。

创新创业导师圆桌论坛

校外导师主要包括具有创业背景的知名企业家、漳州市众创空间运营者、知名企业专家。目前“M—创园”拥有校外导师7名，具有海外留学工作经历的导师占比86%，这使得平台培训和项目指导更具国际视野和前沿思考。平台成立以来，邀请腾讯公司法律顾问张亚男做客“M—创园”，并作题为《大学生职业素养和能力提升》的主题讲座。举办“M—创园”平台创新创业导师圆桌论坛，邀请漳州市留学生同学会创新创业导师叶丽松董事长等担任主讲人。通过与创业成功人士面对面地讨论和交流，学生的创新创业思维得到进一步提升。

（三）开设双创训练营，提高学生双创素养

依托“M—创园”平台开展“创启未来”创新创业精英训练营，共招收营员20名，培训课程包括《如何写好创业计划书》《创新创业申报

“M—创园”与漳州市留学生同学会签订战略合作协议

工作要点》等内容。通过创新创业精英训练营的集中培训，更好地培养了学生的创新创业精神，提升了学生创新创业实践能力，促进了创新创业教育与专业教育相融合。

（四）拓展校地交流，驱动平台项目升级

为进一步推进创新人才培养模式，推动产学研合作上新台阶，“M—创园”与漳州市留学生在大学生创新创业培养方面建立相互支持、优势互补、共同发展的长期战略伙伴关系。漳州市留学生同学会从会员中遴选一批优秀企业家作为“M—创园”创新创业导师。受聘的创新创业导师根据学生培养需要，不定期开展讲座、论坛、培训等有利于提升学生创新创业和社会实践能力的活动，指导学生参加“互联网＋”大学生创新创业比赛、“挑战杯”全国大学生课外学术科技作品竞赛、“创青春”全国大学生创业大赛等赛事。漳州市留学生同学会会员企业在不影响正常生产活动的情况下，为学生实践活动提供方便。根据双方需求，逐步成立一批创新创业实训基地和就业孵化基地。同时合作将提供相关配套措施和服务，为青年人才提供专业服务支援。“M—创园”发挥交流平台的作用，通过双方人才的交流互动，激发他们的创意，孵化产生优质的创新创业项目。

在厦门大学进行双创经验交流

战略合作在充分发挥双方优势的基础上，进一步提升了“M—创园”平台项目层次，为有志于创新创业青年人才提供一个优良的环境，让青年人才能一展他们的抱负。

（五）开展校际交流，学习借鉴优秀经验

为开拓学生眼界，激发学生的创新创业热情，“M—创园”创新创业骨干学生前往厦门大学进行双创经验交流并参观厦门大学本科生创新创业年会成果展。骨干学生通过认真学习借鉴厦门大学优秀的双创项目经验，进一步激发了创新灵感，获得项目完善的新思路。

## 三、主要成效及经验

（一）主要成效

近年来，“M—创园”创新创业平台积极开展各种创新创业培训班、训练营，组织全院教师参与项目指导，培育重点项目，扎实推进大学生创新创业教育工作，在激发学生创新创业激情、各大赛事参赛热情等方面取得了一定成效。

1. 激发大学生双创热情，参与度不断攀升。平台建立后，学生积极参与创新训练项目，营造了浓厚的创新创业氛围，学生的创新精神被全面激发，参与训练营的同学善于挖掘新点子，将想法落实到行动上，用实践去体验真知。在近五年的大学生创新创业训练项目立项活动中，学生累计获得国家级立项7项，省级立项14项。2018年“互联网+”大学生创新创业大赛，学生共计申报130余个项目，创历史新高。72名学生参与了校科技文化节立项活动，8个项目成功立项，大部分学生能够捕捉当下热点和前沿命题，并在此基础上进行申报。

2. 培育出一批优秀项目，在大型竞赛中屡创佳绩。在第十五届“挑战杯”全国大学生课外学术科技作品竞赛中，学生林汉伟的参赛作品《社会工作介入漳州市芗城区犯罪服刑人员未成年子女健康成长的实践探索》（指导老师：曾昱、余俊缘）荣获全国三等奖，创造了闽南师范大学在该项竞赛中取得的最好成绩。2014级张舒琦等同学的项目《休闲主题农庄的设计与开发——以玫瑰庄园为例》获得“创青春”第九届福建省大学生创业计划竞赛铜奖。孟圆圆等同学的作品《“图游”——畅游网上图书馆APP项目》获得2018年“创青春”福建省青年创新创业大赛创意组优秀奖。黄庆章等同学的项目《乡村法雨——贴近农民法律需求的普法方案》获得“互联网+”创新创业大赛校级重点项目立项，在已经举办的校赛初赛中荣获二等奖。

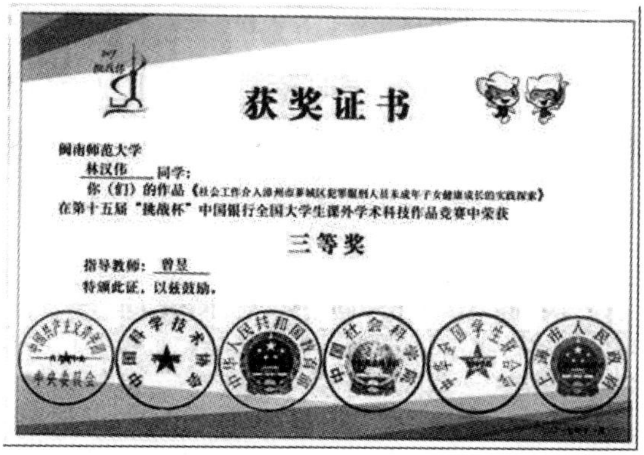


学生作品荣获“挑战杯”全国大学生课外学术科技作品竞赛三等奖

3. 依托平台，形成师生共创新局面。“M—创园”是为学院师生搭建的创新创业平台，也是学院创新实践教学基地和实训基地。平台结合闽南师范大学乡村振兴战略研究院研究方向，师生共同研究创新项目课题，形成论文、调研报告等成果。如刘永老师指导沈修铭同学的《农村基层法治建设的困境与出路——以某市农村“精准普法”为例》一文在《湖南警察学院学报》发表；调研报告在“融合与发展：乡村振兴战略高峰论坛”上进行主旨发言。

（二）主要经验

一是集中所有创新创业资源，统一规划，全员参与创新创业培育和指导工作，为大学生提供施展创新创业才华的舞台；二是以“M—创园”为平台，以创新创业系列赛事为导向，分类指导，针对不同的赛事特点，制定不同的指导方案；三是做好重点项目培育，每个项目有不同年级和不同专业学生，打造项目梯队，做到可持续发展。

## 四、下一步加强和改进的计划

（一）完善创新创业课程体系内容

1. 以培养学生创新创业意识为切入点，完善训练营双创课程。大学生创新创业教育首先是一种意识和价值观的教育，它能够帮助学生树立对创新创业的意义、目标以及具体行为的正确理解和认识。“M—创园”将在今后开设创新思维训练课程和创业精神课程，提升学生创新创业思维水平，也使学生了解企业家应具备的创业精神，激发学生的创新创业意识。

2. 围绕学生创业全流程，打造以相关学科知识为核心的创业精品课程。通过系列课程，帮助学生获取创新创业技能与方法所需的理论，培养具备从事本专业及相关专业领域的技术或管理工作的人才。

3. 以培养学生的创新创业实践能力为落脚点，搭建多样化实践课程。实践类课程是创新创业课程的重要组成部分，对学生创业意识、创业理论知识、创业个性品质等方面的培养发挥着重要作用。通过开设企业实训课程，让学生深入不同企业实训，增强学生创业的自主意识和提高其创业成功率。定期邀请创业成功的校友、成功的企业家等做客“M—创园”平台传授创业经验，启发学生的创业思路，拓宽学生的创业视野。

（二）加强创新创业课程师资队伍建设

平台要从“硬件”和“软件”两方面建设一支专业理论知识扎实、实务经验丰富、结构合理的师资队伍。对于理论型的教师，需要定期组织学习交流和外出培训，不断增强其专业性和敏感度。对于要求有实践经验的教师岗位，需要根据专业需求引进一些有丰富创业经验的高学历的创业者来任教，让学生能全方位地学习企业成功创业者的经验，掌握企业竞争及经营的应变能力。两类教师都要积极探索别具一格的教学方法，将创新创业教育课程与专业理论知识相结合，开发学生的潜力，注重学生的体验式学习，引导学生自主创新创业。

（三）以大赛为抓手，培养创新型人才

重视“挑战杯”“创青春”等大赛的组织和项目培育，并将大赛的成果、经验以及所反映出来的问题反馈到创新创业教育过程中，坚持以赛促教、以赛促学、以赛促改、以赛促创，深化创新创业教育，进一步提升创新创业人才培养的质量，厚植大众创业、万众创新土壤，为国家创新驱动发展战略提供人才支撑。

**项目负责人：**余俊缘　田克湟
**成　　　员：**王悦彤　陈思辰

# 探索“多维课堂”育人模式<br>打造“四业链条”产学融合

福建工程学院

习近平总书记指出，创新是社会进步的灵魂，创业是推进经济社会发展、改善民生的重要途径。创新和创业相连一体、共生共存。以创新创业为基础，福建工程学院设计学院立足发展实际，以“多维课堂”为切入点，积极探索新形势下的艺术类专业育人模式，旨在通过“学业”“创业”“就业”“产业”的产学融合链条，为大学生培育积极的创新思维，提供充足的知识储备，营造良好的创业氛围，构建完整的职业生涯体系。两年来，学院创新创业成效显著，先后获得“第三届中国大学生‘互联网＋’创新创业大赛”“2017全国大学生微创业大赛”等国家级创新创业奖项50项，省级奖项73项。

## 一、项目主题与思路

（一）项目主题

探索“多维课堂”育人模式，打造“四业链条”产学融合。秉承立德树人的教育宗旨，福建工程学院在贯彻“以生为本”教育理念的过程中，积极探索适合激发学生“双创”潜能的教学模式，从“学什么”“怎么学”到“教什么”“如何教”，再到“做什么”“怎么做”，不同层面的换位思考为学院提供诸多借鉴：深入挖掘课堂内涵，扎实强化目标导向，着力提升产学融合，有效发挥专业特色，构建育人新模式。学院力争实现课堂与实践双效共进，“多维育人”同“四业链条”纵深推广。

（二）项目思路

为积极响应深入实施创新驱动的发展战略，适应和引领高校育人新常态，学院立足学生发展实际，深入贯彻落实习近平总书记的重要讲话内容，“在创新创业中增长智慧才干，在艰苦奋斗中锤炼意志品质，在亿万人民为实现中国梦而进行的伟大奋斗中实现人生价值，用青春书写无愧于时代、无愧于历史的华彩篇章”。增强创新意识，优化创业环境，在完整的职业生涯体系中，激发学生的“双创”意识，帮助他们自觉地投入创新创业的伟大历史进程中来。

通过探索“多维课堂”育人模式，学院意在借助创新创业专项教学的第一课堂、“双创”竞赛训练营的第二课堂、“创新建家”寝室工程的第三课堂与“设计工坊”创业实践的第四课堂共同构筑具有本院品牌特色的育人系统，帮助学生在浓厚的“双创”氛围中，怀抱理想、增长智慧、锤炼意志、实现价值。同时，致力于产学研践多向融合，打造学业提升、创业指导、就业服务、产业探索的“四业链条”，推动本院大学生创新创业领域向更深层次、更广范围、更高目标、更多成效上快速和良好地发展。

设计创新创客育成中心

## 二、实施方法与过程

（一）寓教于乐，注重学业，形成协同育人一体化机制

作为建设创新型国家的重要战略举措之一，创新创业教育在高校中的重要作用毋庸置疑。围绕专业定位、学习需求、发展规划等要素，学院将“双创”教育作为创新办学体制机制、全面提高人才培养质量的重大课题，在专业指导领域实现全面推进。同时，做好新形势下高校思想政治教育工作，必须坚持目标导向和问题导向。在此基础上，学院依照寓教于乐的教学思路，将创新创业理念融入学业、融入第一课堂，意在形成协同育人的长效机制。

从高校育人所关注的“全员全过程全方位”，到教育过程所追求的“高质量高标准高水平”，学院在开放式的育人环境中，通过充分认识和把握互联网发展带来的机遇和挑战，不断丰富教育形式，拓宽教育思路，充实教育内容。其中，针对创新教学模式，学院自主整合校内外优质课堂资源，积极构设创新创业教育课程建设方案，通过创新创业讲座课程引导学生了解行业创新创业的发展，透过毕业设计课程改革方式引导学生发挥自身知识创新能力，欲在激发好奇心、增强求索兴趣、培养创新意识的前提下，引导学生在第一课堂中拥有更多获得感。

（二）多管齐下，强化创业，突出文创竞赛专业化优势

紧跟时代发展足迹，在社会化、开放式的育人环境中，学院以创新和创意驱动创业，不断将各专业领域的创新理念融入创业教育之中。从“双创”意识养成、知识传授、活动锻炼、实践提升等环节多管齐下，在层次分明、结构清晰的人才培养方案中，构建基于“创业＋”的意识和价值教育、能力与素质教育、实习与实训教育、实战与孵化教育的全链条式创新创业人才培养体系。基于此，以校、院两级创业平台和教学实验室为支撑，突出学科竞赛优势，形成文创领域品牌特色。

立足创新创业教育实际，学院积极拓宽网络思想阵地，不断加强互联网环境下创业教育资源第二课堂建设。通过微博、微信、掌上媒体、

网络杂志、网络报纸等新媒体运营，不断丰富数字化资源，借助其内容丰富、覆盖面广、使用便捷等优势，帮助大学生快速获取创业方面的有效信息，稳步推动创业教育内容与形态的同步升级。在科学把握新媒体传播规律和发展趋势的前提下，注重载体在创业方面的内容建设，搭建网络信息技术“众创”空间，有效突出学生在文化创新创意、专业竞赛、创业孵化等领域的优势。

学子在两届福建省大学生文化创新创意设计大赛中获优异成绩

（三）综合协调，关注就业，切换第三课堂单元化模式

通过搭建联动平台，学院借助校外实习、实训、实践等教育资源，深化校企、校地、校际合作，努力打造以增加就业机会为目标的创新创业联盟。创新营、创业营、网络营、赛事营、实践营、校企营，在“营领人生”的指导理念下，根据环环相扣的双创设计营，形成服务于大学生就业的完整闭环。

在第一、第二课堂的基础上，学院以宿舍为重点，拓展了颇具特色的“第三课堂”概念。作为大学生活的基本单元，宿舍是学生养成文明行为、萌生创意想法、交流就业信息的重要场所。寝室建“家”工程反映了“以生为本”理念，营造了浓厚的创新创业氛围。通过宿舍楼入口的门厅设计、楼层指引、作品展示、成果标识，学院致力于增强学生的主人翁意识和创新创业意识。同时，以宿舍为单位构建交叉式的“双创”训练营，取长补短，润物无声。

（四）齐头并进，了解产业，强调创业实践品牌化管理

不同于“碎片化”的信息搜索与产业了解模式，学院关注“嵌入式”

产学对接方式。通过接轨网龙公司最先进的互联网产品设计理念，借助企业导师制，以创新讲坛、创新课堂、设计实训、项目孵化、设计展演等丰富多元的创客育成手段，合作共建集“产、教、研、学、创”于一体的大学生创新创业实践活动载体——“福建工程学院设计创新创客育成中心”，共同探索产学研高端设计人才培养机制，提升大学生的实践动手能力，为企业培养和输送高素质的专业设计人才。

此外，创新创业教育也要遵循“以学促做、知行合一”的实践教导思想，通过组织具有创新意义的社会实践活动，打造专项行动品牌；借助创设符合产业发展实际的教学环境，模拟开展对接职场工作的教学活动，以真实的创新创业项目为载体组建学生创新团队等方式，把产与学、学与教、教与创紧密结合起来，形成一个隐性与显性、理论与实践、情景与实战相交融的创新创业教育生态圈。鉴于此，不断提升学生的创业实践品牌化管理水平，产生持久的积聚效应。

## 三、主要成效及经验

### （一）主要成效

1. 构建完善课程体系。基于《福建工程学院深化创新创业教育改革实施意见》，设计学院通过制定创新创业教育课程建设方案，开设《创业基础》《创意思维》《设计创新系列讲座》《知识产权与科学伦理》以及《设计创新竞赛实务》等五门课程，将创新创业教育理念融入课程环节。积极探索产教协同、科教协同等育人模式，并不断借助创新师资力量有效调配，助力课程体系在完善的过程中，梯次递进、层层提升，实现创新创业教育全覆盖。

2. 搭建创新创业平台。作为集“产、教、研、学、创”于一体的大学生创新创业实践活动载体，福建工程学院设计创新创客育成中心为“做中学与学中做”的创新创业实践理念的践行提供了有效的平台阵地。该中心先后孵化了“萌扎”等20多个优质项目，获得福建省教育厅资助项目两项以及省人社厅资助项目一项。同时，学院积极创建创新创业导师库，助力学生在良师的指导下，实现创新创业核心竞争力的稳步提升。

3. “四业链条”初具雏形。学院积极与各大企业共同建设产学研高端合作的培养机制，以设计创新创客育成中心为轴心，对接不同企业，共同探索创新创业教育训练平台。目前，学院已有由网龙公司成立的网龙创新课堂、迅科教育科技有限公司成立的UI设计工作营、智游教育集团成立的H5设计工作营等实践渠道。此外，学院先后与福建瑞达精工、福建味家集团、漳州恒丽电子等20多家公司共建校企“双创”合作平台，利用自身的科研优势，加强与企业界的实践渠道建设，为企业解决具体的技术难题，实现大学与地域经济的共同发展，打造“8421”新模式。

4. 创新创业成效显著。以赛事营、校企营和实践营为依托，学院有效利用“以赛促思、以赛促学”的实训方式，拓宽实践教育和训练的平台。两年来，学院共获得国家级创新创业奖项50项，省级奖项73项，其中包括“第三届中国大学生‘互联网＋’创新创业大赛全国银奖、省赛金奖”2017全国大学生微创业大赛金奖、“海丝杯”大学生创新创业大赛金奖、“海峡杯”工业设计大赛金奖、“羽中鸟杯”创新创业大赛金奖等。另外，还连续两届获得福建省文化创意大赛优秀组织奖以及2金4银3铜等成绩。

学院学子在第三届“互联网＋”大学生创新创业大赛获全国银奖

5. 育人成果初步体现。学院在以学促作、知行合一的教育实践中，不断夯实“双创”基础，育人成果初步显现。其一，学院有1人获评“中国自强之星提名奖”，1人获评“福建省创业之星标兵”称号以及1人获评“福建省创业之星提名奖”。其二，通过第三课堂活动，在学院宿舍装扮大赛中，“咖啡小筑”宿舍脱颖而出。中国青年网、海峡都市报、新京报等多家媒体对此做了专项报道，并获得人民网转载，浏览量超过600万人次。其三，在教育部思政工作司和中央网信办网络社会工作局主办的第二届全国高校网络宣传思想教育优秀作品推选展示活动中，《间水重山网络文化工作室成长之路》获得“工作案例优秀奖”。其四，“双创”社会实践项目成功入选第五批省级社会实践项目，该条新闻在福建电视台综合频道《福建新闻联播》《早安福建》《晚间新闻》《福建卫视新闻》等栏目滚动播出，此外，东南网、《福建日报》、新华网、环球网、中国青年网等国内20多家媒体也对此进行了专题报道。

学院学子获全国高校网络宣传思想教育优秀作品推选展示活动工作案例优秀奖

台湾企业培训师为学生指导文创作品

（二）主要经验

1. 构建“双创”课程体系，强化师资教育力量。

以学生创新精神、创业意识和创新创业能力培养作为深化创新创业教育的出发点和落脚点，不断强化师资力量，积极调动教师参与创新创业教育的积极性和主动性。切实将学科优势、科研优势、设计优势转化为创新创业教育优势，推动专业教育与创新创业教育有机融合。

围绕大学生培养方案，学院坚持“价值引领、意识养成、能力提升”的教育思路，在强化以“产、教、研、学、创”为核心的创新创业实践活动载体建设的过程中，不断结合实际情况，对育人路线图中的创新创业课程体系进行改革调整。创新营、创业营、网络营、赛事营、实践营、校企营六营合力分植于大学生“双创”生涯规划的不同环节和阶段，凸显出此项课程体系在激发创新思维、培养创业能力方面的深远影响。

2. 完善“双创”教学模式，推动阵地渠道建设。

作为素质教育的重要抓手，创新创业教育强调多学科交叉和问题导向，提倡跨专业、跨学院教学模式，关注教学方法复合与教学资源整合。从设定创新创业教育主题，到分析通识教育课程体系，教学相长的思维模式帮助学院在“双创”实训、实习、实践的过程中，不断推动教学模式的改善发展，促进专业教学和辅助教学一体化进程。

立足当下，学院依托设计创新创客育成中心不断开展设计工作营等活动，积极组织学生参加各类设计创新活动，参观台湾新一代设计展，与台湾中原大学、大同大学开展交流活动，逐步通过思维和能力训练，让学生在新的渠道中拓宽视野，不断提升自身能力，增强国际竞争力。同时，有效通过创新创业沙龙、讲座、培训班等形式开展创业培训，邀请中国IBM研究院原副院长等与学生进行座谈，并与彩虹桥台湾青年创业孵化器协同开展台湾青创进校园活动，旨在扎实推动阵地建设。

3. 创新“双创”体制机制，提供支撑保障服务。

着眼于组织领导、师资力量、体制机制、支撑保障等核心要素，学院为确保创新创业教育能切实取得实效，扎实在各方面下足功夫。以创新人才培育机制为例，通过选派学生参加海峡两岸大学生设计工作坊，在对口企业的合力培养下，学院取得了良好的“双创”育人效果。围绕“创新体制机制，提供支撑保障”的要求，学院围绕如何让创新创业体制融入高校环境、怎样充分发掘和运用各学科所蕴含的“双创”教育资源、如何有效对各类渠道阵地进行规范化管理、怎样有效建设“两微一端”等工作载体等问题进行了深入思考，积极拓展理论创新和制度保障空间。

同时，发挥校院两级驱动，以福建工程学院创新创业教育学院和大学生就业创业指导中心为主体，通过各二级学院所设立的创新创业训练营或指导部门为载体，全面完善创新创业教育课程建设方案。开放跨专业课程、跨专业选修，探索创业实习与专业实习结合、创业孵化同毕业设计融合的体制机制，在不增加大学生课业负担的基础上实现学分转换无缝衔接，为创新创业教育制度的有效落实提供强有力的协同服务与支撑保障。

## 四、下一步加强和改进的计划

### （一）坚持因势而新，细化教育思路

保持“双创”教育主题新颖度，创新性地融入焦点话题、产业需求、专业亮点等内容，通过课前调研，将大学生真正关心的话题作为创新创业课堂选题的依据，为“多维课堂”的有效实施奠定扎实的基础。细化发展思路，改变传统授课“一人主讲”“我讲你听”的模式，借助提问、探讨、座谈、互动等灵活多变的形式，引导学生发挥主人翁意识，潜移默化地用崭新的视角挖掘创新创业实践中的教育资源。

### （二）明确育人宗旨，紧扣“双创”宗旨

为深入推进“多维课堂”新型育人模式的有效落实，关注学生在学业提升、创业指导、就业服务、产业探索领域的进步空间，继续发挥工科院校的自身特色，积极号召大学生投身到“双创”事业当中。同时，立足实际，组织师生明确产业发展需求，开展形式多样的社会实践，真正贴近社会发展实际，服务人民。

### （三）整合资源平台，实现合力共进

从线上到线下，从课堂到实践，从学院党委到专任教师，以多效引导、产学融合为契机，科学调动一切优势资源，形成创新创业合力，建设具有自身特色的创新创业育人品牌。力争推动创新创业服务项目与社

会实际服务需求对接，展现学子风采并进一步助力其发展。

（四）注重计划宣传，创新衔接手段

加强对“多维课堂”和“四业链条”育人模式的宣传工作重视程度，在不断创新提升传统教学、媒体宣传水平的基础上，积极运用新媒体平台宣传模式，形成形式多样、渠道广泛的宣传方案。积极调动社会资源，务实推动创新创业育人模式的宣传走出校门，融入社会，增强时代感、吸引力和感召力。

**项目负责人：**郭　清

**成　　　员：**方怡君　陈亚峰　李　伟　林夏斌

# 惟精惟一　技进乎道

## ——探索构建“评、讲、会、比”四位一体匠人学堂

福建江夏学院

为进一步加强学院思想政治工作，着力坚持立德树人，积极创新工作模式，结合学院实际，福建江夏学院工程学院学生工作队伍在院党委的领导下，开办了“匠人学堂”。在2016年政府工作报告中，李克强总理指出“鼓励企业开展个性化定制、柔性化生产，培育精益求精的工匠精神”。工匠精神是中国人自古及今、绵延百代孜孜以求的。早在《诗经》中，就把对骨器、象牙、玉石的加工形象地描述为“如切如磋”“如琢如磨”。对此，孔子在《论语》中十分肯定，朱熹在《论语》集注解读为“治之已精，而益求其精也”。再看《庄子》中的“庖丁解牛，技进乎道”，《尚书》中的“惟精惟一，允执厥中”以及贾岛关于“推敲”的斟酌，都体现了古代中国的工匠精神。新时代召唤新工匠。首要之事，是得铸就一大批有匠心、志于道的未来大国工匠的师傅们。为此，工程学院特意开设“匠人学堂”，是探索工匠精神、传播专业知识、提升综合素养的园地。

### 一、项目主题与思路

“评、讲、会、比”四位一体，构建匠人学堂人才培养系统平台，引导工科学生立志成才。“评”即匠人评级，“讲”即匠人讲坛，“会”即匠人协会，“比”即匠人比武。

1. 匠人评级。“工匠精神”是一种职业精神，它是职业道德、职业能力、职业品质的体现，是从业者的一种职业价值取向和行为表现。“工匠精神”的基本内涵包括敬业、精益、专注、创新等方面的内容。“工匠

精神”可分解为四个模块，分别是理论知识、动手能力、创新能力和敬业精神，从这四个方面对学生大学期间的表现进行量化评价，即匠人评级。匠人评级所得结果作为学生在校期间评优评先的重要依据，也是用人单位了解人才的重要参考。

2. 匠人讲坛。匠人讲坛着力提升学院学生专业和文化素养，培养学生刻苦钻研、精益求精的工匠精神。匠人讲坛是一个融合各类讲座，包括专业知识、文化素养等在内的，不仅包括学院内外教授或相关专业优秀教师主讲，而且邀请校外企业、机构等相关人员讲解的学习交流平台。

3. 匠人协会。学院创办匠人协会，下属未来工程师协会、博学工学社等学生社团，创办 Q&A 学习互助群，旨在共同探讨工科专业学习，加强理论与实际相结合，培养具有工匠精神的未来工程师。协会由专业老师指导学生开展各类丰富多彩的第二课堂活动，吸引了广大学生的积极参与。

4. 匠人比武。匠人比武是专门为工科学生开展的系列学科竞赛，以赛促学，让学生们在比赛中比学赶超、学以致用，践行工匠精神。

## 二、实施方法与过程

### （一）“匠人证书”让成绩单不再单调

匠人评级以毕业时颁发给学院工科学生“匠人证书”的方式，对学生在校期间践行“工匠精神”的理论知识、动手能力、创新能力、敬业精神四个方面进行分项评价，每项满分 100 分，四项平均分为 90 分及以上者评定为一级匠人，80—90 分者为二级匠人，70—80 分者为三级匠人，70 分以下者为四级匠人。

其中，理论知识主要以学生在校期间所学专业理论课的成绩作为评分依据；动手能力是以实验实训、毕业实习、毕业设计等环节表现作为评分依据；创新能力是以学生所参加的创新创业比赛和实践、发表学术论文、发明专利等作为评分依据；敬业精神则是以学生的课堂考勤、宿舍考勤、活动考勤以及工作积极性等表现作为评分依据。

匠人评级是对传统工科学生考评方式的大胆创新和尝试。工科学习与文科学习相比，有其特殊性，即重视理论与实践相结合，重视培养解决实际工程问题的能力。传统的成绩评定主要以学校教务处认定的学业成绩为依据，无法从工科学习的特点出发进行科学评价，成绩无法体现工匠精神的实质，如传统成绩单往往无法全面反映那些动手能力强、创新能力强、富有敬业精神的工科生真实的素养水平。因此，工匠精神需从上述四个方面实现全覆盖，通过与科任老师密切配合，落实导师制，让科任老师和辅导员一起，为学生的理论知识、动手能力、创新能力、敬业精神进行分项评分，杜绝了一张成绩单代表整个大学生涯学业表现的片面评价方法，对工科学生在校期间的综合表现进行了全面科学的评价。

（二）匠人讲坛为学生带来大师的思想

专业知识类讲座主要结合学院 4 个专业特色，从专业特色背景、行业前景及具体的专业知识点来开设。文化素养类讲座重点关注工科生人文素养提升，讲座注重探讨立德树人的深刻内涵，讲座内容包括艺术、国学、文学等领域，主要由校内相关专业老师和校外专家开设。所有讲座力求贴近学生需求、注重讲座质量，提倡讲座的系统性、连贯性。

1. 专业知识类讲座

（1）专业讲座。讲座主要介绍学院各个工科专业的基本概况、课程设置、行业发展、就业前景等，使学生充分认识专业，掌握学习技巧，拓宽知识面，了解就业前景，从而确立学习和就业目标。

（2）建筑人物述评。介绍古今中外建筑大师的生平事迹，如梁思成、林徽因、庄俊、沈理源等，激发学生见贤思齐、奋发有为的理想信念。

（3）特色建筑群详解。介绍我国最具特色的民居建筑，例如客家土楼、傣家竹楼、西北窑洞、南方干阑式建筑、游牧民族毡包建筑、北方四合院等，加深学生的专业认知。

2. 文化素质类讲座

（1）“匠心传承、立德树人”国学系列讲座。以传统文化的发展脉络为主线，分享国学经典，解读中国语言文字之美，培养工科生文字撰写能力和语言表达能力。

（2）文化名人名家解读系列讲座。对中国文化名人，特别是福州文化名人、中国历代以来的匠人典范的生平、传记、成就进行解读，以其励志的事迹、高尚的品德感染学生。

（3）艺术与生活系列讲座。从音乐、绘画等艺术角度，探讨艺术与生活、学习的关联，启迪学生发现美、体会美，培养工科生艺术情操。

（三）匠人协会让学生学会自我教育

未来工程师协会旨在培养理论基础扎实、动手能力强、富有创造精神和敬业精神的未来卓越工程师，协会成员均秉承匠人使命，积极投身到学习和实践中。未来工程师协会坚持每年为新生指导安装CAD，举办CAD培训，开展CAD大赛，为学院学生CAD水平的提高做出了突出的贡献。博学工学社倡导实践出真知，大力主办或协办如结构设计大赛、混凝土设计大赛、BIM大赛等学科竞赛。

为更好地帮助工科学生学习，匠人协会专门创建了Q&A学习互助群，针对全院学生在各个专业课程学习中遇到的疑难问题进行在线解答，形成高年级帮低年级、先进生帮后进生的大学生自我教育、自我管理、自我服务的良好氛围，很好地调动了学生的学习积极性。

（四）匠人比武为学生搭建学以致用的舞台

匠人比武是学院为各专业工科生开展的系列学科竞赛，主要包括每年一度的竹签设计大赛、建筑模型设计大赛、BIM建筑信息模型设计大赛、机械创新设计大赛、招投标大赛、CAD设计大赛、混凝土设计大赛、结构设计大赛、创新创业大赛等。通过这些丰富多彩的学科竞赛，充分调动学生们动手实践的热情，在实践中学以致用、知行合一，在合作中培养团队合作意识，在实践中锻炼创新创业的能力和吃苦耐劳的敬业精神。在辅导员们的广泛动员下，在专业老师的精心指导下，匠人比武在学院营造了以赛促学的热潮，为各类省赛乃至国赛培养了大量的人才和团队，在各项赛事中取得了累累硕果。

此外，学院还积极推动匠人学堂深入企业，积极利用校外实践教学基地开展丰富多彩的活动，比如与企业合作开展匠人比武，将竞赛场地直接搭在企业一线，培养工科生解决实际问题的能力。

校企合作，推动匠人学堂深入企业

### 三、主要成效及经验

辅导员队伍积极探索立德树人新思路、新做法，创造性地发起了匠人学堂的活动，积极为工科学生搭建第二课堂，助力学院人才培养机制创新。从匠人评级的顶层设计到最终实施，从匠人讲坛的内容设计到现场组织，从匠人协会的建章立制到宣传纳新，从匠人比武的宣传动员到赛事组织，辅导员都发挥了主导作用，此外，辅导员还邀请专任教师共同参与到匠人学堂的活动中来。

“评、讲、会、比”四位一体的匠人学堂，为学院工科学生构建了人才培养系统平台，“讲、会、比”等第二课堂活动是学生日常课堂学习的有益补充，而“评”则涵盖了学生在课堂内外的各项表现，贯穿了学生整个大学生涯，激励学生从大一开始就朝着成为一名合格乃至优秀工匠的目标前进，从而引导工科学生立志成才。

匠人评级的开展，大大促进了工科生投身学习和实践的积极性，激励他们努力学习、专注实践、勇于创新、爱岗敬业，在学院起到了很好的引领作用，对创建优良的学风、教风、班风、院风，都起到了积极的作用。同时，匠人评级也为优秀的毕业生提供了一份靓丽的求职简历，也为用人单位更为全面地了解人才提供了有力的参考。

匠人讲坛精心设计了各类讲座，邀请了各行业的大师，为学生答疑解惑、指点迷津，提升了工科学生的综合素养。

匠人协会充分发挥了学生自我教育、自我服务、自我管理的主观能动性，让学生成为各类学科竞赛和实习实训的组织者和参与者，培养了学生自主意识和管理能力。

匠人比武开展多年以来，学院学生在省级和国家级的各类学科竞赛中硕果累累，所获主要奖项有：第六届福建省大学生工程训练综合能力竞赛一等奖，第二届福建省高校建筑信息创新大赛金奖，第十五届“挑战杯”全国大学生课外学术科技作品竞赛三等奖，全国高等院校 BIM 应用技能比赛三等奖，第十一届福建省大学生机械创新竞赛一等奖，第三届全国高校 BIM 毕业设计大赛 A 模块一等奖，福建省第十届大学生结构设计大赛省一等奖，第八届全国中高等院校学生“斯维尔杯”建筑信息模型（BIM）应用技能大赛本科组工程造价专项二等奖，第十届福建省大学生机械创新竞赛一等奖等。

## 四、下一步加强和改进的计划

（一）建立匠人讲坛名师库，丰富匠人学堂知识储备

目前，匠人讲坛尚未建立名师库，今后将充分运用各方渠道，聘请匠人讲坛所需的各行业大师为匠人讲坛名师，发给名师聘书，不定期邀请他们为学生开讲，为学生带来技艺传承和人文熏陶的知识盛宴。

（二）优化匠人评级细则，推进匠人学堂顶层设计

匠人评级是匠人学堂的重要激励机制，也是重要顶层设计之一，目前评级细则还不够完善，一些环节尚存在主观评价，今后将进一步优化

细则，秉持公平、公正、公开的原则，力争做到科学、合理、客观、公正地对工科学生进行全方位的素质评定。

（三）探索校企合作机制，推动匠人学堂深入企业

匠人学堂的最终目的是为企业培养合格工程师，因此，探索校企合作联合培养合格工匠，是我们今后工作的重点之一。我们将探索引入企业导师制，力争做到每个班级配备一名学校导师和企业导师，充分发挥企业导师实践经验丰富的优势，将匠人学堂开到企业一线，增强匠人学堂人才培养的实效。

**项目负责人：** 罗志锋

**成　　　员：** 翁明杰　陈润华　李　桃　宋彦强　翁　璇　赖侦铿　方　钊

# 立德树人、文化育人、创新立人

## ——构建“三位一体”南音专业大学生实践育人体系

泉州师范学院

党的十八大以来，以习近平同志为核心的党中央高度重视高校学生思想政治工作，并多次强调传承和弘扬中华优秀传统文化的重要性。泉州师院于2003年设立南音系，是国内最早设立本科层次南音专业的院校，并于2012年开始培养南音专业的硕士研究生。学院在学习贯彻全国高校思想政治工作基础上，结合学科特色，坚持“以人的培养为核心，以融入现代生活为导向”，通过开展“传承非遗新生代·南音推广小先锋”主题实践活动，深入闽南地区的南音社团和学校、人文景点进行调研和公益教学、演出，探讨如何让其焕发新生命力，努力提升全社会“非遗”保护意识，让学生在学习中领悟传统文化的精髓，在活动中寻找传统文化的魅力，在实践中传承传统文化的精华，以优秀传统文化之“根”筑中华民族之“魂”。让学生充分感受传统文化的魅力，增强学生的文化自信，提高思政教育的广度和深度，深入构建了立德树人、文化育人、创新立人“三位一体”南音专业大学生实践育人体系。

### 一、项目主题与思路

读万卷书品书香，行万里路寻人文。“拓展选拔视野，抓好教育培训，强化实践锻炼，健全激励机制”。泉州师院南音系通过实践育人努力践行习近平总书记的要求。学院精心组织策划主题实践活动，将传统文化融入社会实践，鼓励南音学子走出课堂与校园，在街头巷尾寻觅人文情怀，凝练品牌实践活动。学院组建“传承非遗新生代·南音推广小先锋”实践队，以“弘扬中华文化，传承世遗南音”为使命，吸引了全系优秀研究生和本科生的加入。实践队依托福建省一流学科优势，综合采用纪录片拍摄、田野调查、口述访谈、文献查阅等方式，深入闽南地区广泛接触当地的南音社团，寻访、记录、整理散落在民间的南音材料，先后在泉州市各大人文景区开展南音公益演出，并且远赴多家基层学校和单位开展南音公益课堂，从非物质文化遗产保护的高度，对中华优秀传统文化南音的传承与创新进行了建设性的思考。实践活动使南音学子身体力行地见证和传承中华优秀传统文化的精湛和美妙，达到育人和自我教育的作用。

## 二、实施方法与过程

### （一）南音交流促发展，立德树人看先锋

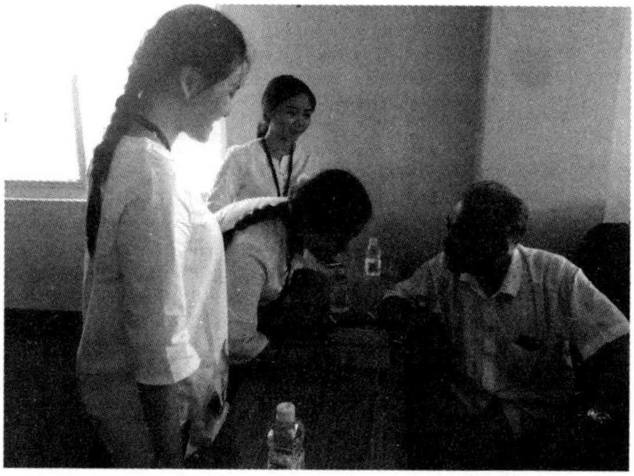
实践队深入访谈南音老艺人

南音推广小先锋实践队队员们前往惠安县小岞镇、净峰镇、崇武镇等地，与当地的南音社进行交流。带队老师代表实践队与当地的南音社互赠锦旗，并赠送了泉州师范学院音乐与舞蹈学院南音系师生精心录制的南音名曲光盘。队员们还和南音社进行了深入的切磋和交流，共同奏唱了《风打梨》《感谢公主》《拜告将军》《梅花操》等名曲，赢得了现场观众的热烈掌声和高度评价。为了清晰地了解目前南音在惠东一带的传承现状，队员们对南音社的前辈和社员们进行了深入的采访，或举着录音笔侧耳倾听，或拿着笔记本认真记录，在你问我答中不断积累调研的基本素材。南音社的老艺术家们倾囊相授，现场互动氛围热烈友好。在基层艺人们的口口相授、手把手教学中，队员们深切领悟到作为一名传统文化传承者应树立的志向和品德，学习到他们坚守传统文化阵地、奉献自己点滴

光和热的高尚情怀，并决心以其为标杆，立德树人、矢志不渝。

（二）南音推广引关注，文化育人领潮流

实践队在千年古刹净峰寺进行南音公益表演，推广南音文化

在小岞美术馆的开馆仪式上，南音推广小先锋实践队队员们应邀表演了南音琵琶小组弹唱《直入花园》。之后，队员们在崇武古城、千年古刹净峰寺、风车岛等著名景点进行南音公益表演，路过的游客不禁纷纷驻足观看表演。泉州南音有着深厚的群众基础，作为陶冶情操、自娱自乐的文化表现形式，它与闽南人的生活密切相关，通过此次户外演出，使南音更贴近群众、更深入人心，连外地游客都跃跃欲试，想亲身体验古代音乐瑰宝的演奏形式。南音演出受到如此热烈的欢迎，队员们深受鼓舞，更加感受到肩负的责任和担当的厚重。以文化育人、育己，开拓了传承闽南优秀传统文化、树立文化自信的新潮流。

实践队在惠安莲峰小学开展南音公益课堂

（三）南音传承竞争先，创新立人勇担当

为了使南音得到更好的传承，队员们应邀前往惠安莲峰小学、惠安青少年宫等地开展南音公益课堂，南音系学子利用交流契机向可爱的孩子们生动地介绍了南音文化以及乐器的演奏形式，向孩子一一介绍南音乐器和经典曲目，并与他们进行教学上的互动，使孩子们对于南音唱腔的把握

更为准确，从而对南音产生了更加深厚的兴趣，最后队员们以“一对一”的教学模式教授小朋友们学唱南音《直入花园》。现场小朋友们学习热情高涨，气氛十分热烈，立志长大以后要为“传承非遗文化，推广泉州南音”奉献自己的一份力量，争当传承非遗的新生代和推广南音的小先锋。南音学子们以创新教学的形式吸引了更多学习南音新鲜力量的加入，充分实现了作为一名南音传承者的担当和责任。

## 三、主要成效及经验

通过本项目活动，南音学子们拜访了多家民间南音社团，与民间南音表演者和爱好者亲密接触交流。通过南音公益课堂教会小朋友学唱南音，更在小岞美术馆、净峰寺、风车岛、崇武古城等多处景点进行户外公益演出，既增强了南音的群众基础，使南音更贴近群众、更深入人心，又提高了群众对南音文化的认识，增强他们的探索和学习欲望。本项目活动得到了《泉州晚报》、人民网、中国侨网、东南网、鲤城新闻网等媒体的报道，获得了良好的社会反响。通过本项目活动，不仅有力地增强了学院学生专业实践的能力，开拓了学生的视野，提升了学生的综合能力，也加大了对南音的宣传，为传承与发展南音文化注入新活力。习近平总书记在全国文艺工作座谈会上指出：“没有中华文化繁荣兴盛，就没有中华民族伟大复兴。”“伟大事业需要伟大精神。实现这个伟大事业，文艺的作用不可替代。”南音作为中国音乐史上的活化石，2009 年已被列为“人类口头和非物质遗产代表作”，保护传承南音文化势在必行，弘扬优秀传统文化更是中华民族伟大复兴的坚强基石。不忘本来才能开辟未来，善于继承才能更好创新，本次活动既履行了传承与保护“非遗”的承诺，亦开拓了高校保护、传承、推广南音文化的新渠道。

## 四、下一步加强和改进的计划

（一）强化大众普及，壮大优秀传统文化根基

优秀传统文化只有“大众化”了，并且“化”为“民魂”了，实现

“两个一百年”的奋斗目标，实施四个全面战略才会具有最广泛、最具根本意义的文化基础。推动优秀传统文化的普及，要从三个方面下功夫：一是推进优秀传统文化进课堂。二是推进优秀传统文化进基层。要进一步推动优秀传统文化进乡村、进社区、进企业，通过开设南音公益课堂、南音公益演出，运用宗祠、家庙及民俗节日等形式，在广大社区居民、农村群众、企业员工中进一步推广南音文化。三是推进优秀传统文化主题系列活动。要通过开展巡演巡讲、展演展播和纪念活动，利用春节、元宵、清明、端午、中秋、重阳等传统节日，举办群众性的南音会唱等活动，不断壮大中华优秀传统文化的根基，扩大优秀传统文化的影响。

（二）依托新媒体，创新优秀传统文化传播

新时期，我们要创新思维，顺应互联网时代要求，运用“互联网＋”，推动世遗南音走出去。要注重将“互联网＋”引入中华优秀传统文化建设中。对内通过“互联网＋动漫”“互联网＋音像”等形式，增强传统文化传播工作的系统性、整体性和协同性，增强中华优秀传统文化的亲和力、吸引力，扩大辐射力，推动中华优秀传统文化与科技深度融合；对外，要通过“互联网＋传统文化”的深度结合，推动网络成为对外传播中华民族优秀文化的重要渠道，让网络成为我国优秀传统文化对外传播的重要平台。

（三）打造文化品牌，提升优秀传统文化魅力

传统文化犹如一个个巨大的富矿，只有深入挖掘开发，才能焕发蓬勃的生机和活力。借助南音新作《凤求凰》的巡演、南音会唱的开展，加强宣传和建设力度，不断延续对传统文化的保护和传承，丰富文化内涵、打造地域文化品牌。综上所述，面对新时期的新任务、新要求，我们要创新性地阐释和传播优秀传统文化，使优秀传统文化在人民大众心中生根发芽、开花结果，不断把优秀传统文化蕴含的精神内涵，转化为实现伟大中国梦的强大力量。

**项目负责人：**刘晓莹
**成　　　员：**陈恩慧　庄忠河　李小国　林美玲

# 阳光工作坊：探索“一体两翼三结合”师范生实践育人体系平台建设

三明学院

习近平总书记在党的十九大报告中提出：“推动城乡义务教育一体化发展，高度重视农村义务教育，办好学前教育、特殊教育和网络教育，普及高中阶段教育，努力让每个孩子都能享有公平而有质量的教育。”这段话凸显了国家对基础教育的重视。对于以“做精师范”为目标的三明学院教育与音乐学院来说，教育专业如何能够在社会快速发展和学校转型的过程中，更好地做精、做强，更好地服务地方、服务社会，也成了亟待解决的一个重要问题。实践教学是理论教学的深化，应遵从由认识、实践到再认识、再实践的科学规律，这也是我们人才培养体系的一个重要组成部分。

## 一、项目的主题与思路

项目主题：成立阳光工作坊，以此为平台开展有针对性的实践活动，通过指导和跟进实践活动，探索“一体两翼三结合”的育人模式。显性教育和隐性教育相辅相成，多方面促进学生发展，从而培养合格的师范生，真正做好立德树人的育人工作。

项目思路：三明学院教育与音乐学院辅导员团队在工作中积极探索如何以实践立德行、如何以实践促发展、如何以实践服务社会。只有培养出德才兼备的学生，才能真正做到“学高为师，行为世范”。团队在工作中探索出以培养三“明”人为主体，以提升专业和思想为抓手，将理论和实践相结合、引导与自我成长相结合、线上与线下培养相结合的“一体两翼三结合”的实践育人模式。其中“一体”是核心、目标，也是任务；“两翼”是依托、是发力点；“三结合”是路径和运行机制。

该模式以教育与音乐学院阳光工作坊为实验平台。阳光工作坊的前身是“一路阳光服务队”，因为教师是太阳底下最光辉的职业，因此取“阳光”二字。2016 年，整合院内 8 个协会，建立起“阳光工作坊”，一是立志用匠人精神培养学生，二是希望学生又能以匠人的精神，来成为未来合格的教师。

## 二、实施方法与过程

（一）践行校训，精准定位

三明学院的校训为“明德、明理、明志”。为了更好地落实立德树人的根本任务，践行社会主义核心价值观，教育与音乐学院以培养三“明”人为大目标，同时依据院系专业进行精准定位。教育与音乐学院以师范生为主体，还注重师德师风的建设。实践活动忌泛而空，阳光工作坊从“小”出发，以实践活动为桥梁，培育“大”教师。

（二）提升专业，引领思想，打造“343 工程”

阳光工作坊配合好第一课堂教学工作，以提升专业和引领思想为两大抓手，通过实行“343”工程，将实践育人工作落到实处。“343”工程包括“三支队伍”“四个一次”“三个早晨”。

“一路阳光服务队”义务支教活动

1. “三支队伍”。阳光工作坊下设“一路阳光服务队”“阳光师技队”“阳光易微网络宣传队”三大组成部分，虽然偶尔会有部分重叠，但是各有各的特色和任务。“一路阳光服务队”负责以支教为主要内容的志愿服务，主要负责校外实践服务活动。“阳光师技队”主要开展和教师技能相关的各项演出和活动，同时主打朋辈辅导，由工作坊成员对院内学生进行各项教师技能的辅助培训，例如普通话导读、三笔指导、教师仪态的培训等。“阳光易微网络宣传队”负责通过易班和微信两大校园新媒体，打造一批专门针对师范生能力全方位发展的网络宣传手。内容包含对工作坊所有活动开展的情况进行推送报道；如教师资格证考试和教师招考等考试；成立专门板块，进行经验的分享和交流等。

2.“四个一次”。

（1）一周一次的义务家教活动。工作坊成员每周周末都会对附近学校就读的农民工子女进行义务家教活动。辅导流程为“作业辅导—温故知新—拓展活动”。其中拓展活动形式较为丰富，包括讲故事、手工制作、户外游戏等。这项活动从每个学期的开学一直坚持到学期末，通过对农民工子女的帮扶，让他们获得更多的教育资源。

（2）半个月一次结对小学。这个活动与市内几所小学建立合作，半个月去一次小学，教小学生们学习音乐。条件不充足的学校，就主要教授学生音乐小知识和器乐的基础学习；充足的学校，则帮助建立乐团，如与三元区第一实验小学的管乐队培养和与梅列第一实验小学的弦乐队培养。

结对小学，帮小学组建管弦乐团

（3）半年一次进社区活动。上半年是每年寒假前夕的社区送春联活动。社员们自己用毛笔书写春联送给社区居民，以老人为优先对象，还可以接受居民提供春联内容的定制服务。下半年是对社区的公益演出，目的是为了丰富社区居民的文化生活。进社区活动得到了居民们的认可，尤其是子女在外的老年人，看到热心服务的学生就像看到自己孩子一样亲切。目前主要是面向三明市内社区，如果条件允许，未来也会考虑向周边县城社区延伸。

关爱留守儿童夏令营活动

（4）一年一次的假期留守儿童夏令营活动。对结对子的贫困乡镇的留守儿童开展夏令营活动。三明部分乡镇留守儿童问题严重，暑假农村孩子没有地方去，增加了很多隐患。阳光工作坊对贫困乡镇的留守儿童开展夏令营活动，不仅帮助学生们学到许多有趣的课外知识，如树叶贴画、折纸等，同时也帮助孩子们心灵得到更好的成长。整体项目设计符合农村教学条件，不做超纲设置，教授的知识也容易在小老师们离开后，依然可以自己进行，这样使活动可以持续地开展下去。

3.“三个早晨”。

教育与音乐学院低年级学生晨读的优良传统一直延续至今，每周的一、三、五早上7：00—7：45，工作坊都会安排成员带领大一的新生班级晨读，内容涉及普通话朗读及歌曲习唱。通过朋辈的引导，让低年级学生理解和认同学院发展理念，也促进学生之间交往和融合。

阳光工作坊以公益为出发点，以专业技能为支撑，开展校外实践活动。通过校外实践活动拓展，一方面提升学生教学水平，包括授课能力、与受教对象沟通相处的能力等，从而为学生将来走上讲台打下更好的经验基础；另一方面提升学生思想觉悟，每次公益活动对学生都是一次精神洗礼，使他们更真切地了解社会的多面性，更关注弱势儿童，同时有助于体会到自己未来职业的重要性和高尚性。在实践中对学生进行隐性教育，感恩、担当、奉献等好品质也在这种实践活动中逐渐锻炼、发展和完善。这些实践活动也使学院学子获得了良好的社会口碑。

（三）多方结合，全面助力

1. 理论和实践相结合。阳光工作坊成员们要更好地服务学校和社会，则需要进行系统的整合梳理，让他们能将自身的本领发挥最大功效。开展“每月学习两次”的活动，引导成员进行每个月两次的理论学习，内容涉及习近平总书记系列讲话、各项重大会议精神、社会热点问题解读等。这项工作是由院内辅导员轮流负责进行，主要是为了让成员们有更高的社会敏锐度，引导他们在实践中融入思想内涵和时代元素。这样就不会只是单纯为做而开展活动，不仅提升他们的理论高度，而且提升实践活动的思想高度。比如，红色艺术进社区，支教时候精选红色经典故事讲给孩子们听，引导他们健康成长。

2. 引导与自我成长相结合。阳光工作坊由辅导员主抓建设，对成员进行入会前的培训，入会中的活动尝试，离会前的经验总结分享进行引导。而平时成员们开展活动准备工作的审查，活动开展过程中的跟进，活动结束后的反馈，也都需要辅导员辅助。但是阳光工作坊宗旨是让学生们有自我成长的能力，因此帮助他们更好地自我监督和成长，也是辅导员的一项重要工作。

阳光工作坊为此设立了“阳光小档案”。每位成员都有一本阳光小档案。阳光小档案除了个人的基本信息，主要包括阳光台账和阳光印鉴。阳关台账主要是每位成员在每个季度初写下在接下来的这一季度需要完成的实践活动以及自己的期望达到的成长值。每个季度末，各队负责人会组织成员进行台账的梳理和检查，并签上名字。台账主要让成员们能够更好地了解自己前进的步伐，无论完成与否都会起到鞭策的作用，也培养他们做事情的规划性和条理性，促进工作坊运行制度化和规范化。台账不作为考核指标，只是单纯地起到一个自我审视和监督的作用。同时每人还有本阳光印鉴本，只要完成一次实践活动，辅导员会在他们的印鉴本上注明日期，并盖上阳光工作坊的专有图章，图章的数量是学生入党和评优评先的参考指标之一。这本阳光小档案会在社员毕业前夕发给成员，让他们成长的点滴记录能够继续伴随他们成长。

3. 线上反馈与线下激励相结合。阳光工作坊通过易班和微信来打造学生思想教育的网络阵地。易班将内容与学生需求结合起来，围绕学生的心理发展。将严肃性与趣味性相结合，针对不同的主题采用不同的文风。比如在易班网上开设了“易起当老师”“教师招考知多少”“教师说”等线上育人专栏。“教师说”是成员们以现在的学生和未来老师的两个立场对社会热点进行评论、审核发表和影响总结。网络宣传的内容会定期更新，将思政育人与教师培养有机结合。线下设立阳光之星，先由成员申请，然后对申请人上一学年的表现进行量化考核，最终选出阳光之星配合网络进行宣传，力争在同学们中起到榜样示范作用。

## 三、主要成效和经验

“阳光工作坊”经过两年的建设，无论在专业建设还是在思想引领方面均取得了优异的成绩，在2017年，共有45人次获得国家级各类奖项，125人次获得省级各类奖项。

1. 育“师”之材，做三“明”人。

（1）明德为树根，引导学生品行端正，真正做到行为世范。阳光工作坊在运行过程中，注重用社会主义核心价值观来塑造学生，只有以德为先，育“师”之材的这棵树的树根才能健康强壮，才能为学生成才提供充足养分。工作坊将立德树人教育理念融入实践活动中，对学生进行正确的引导和培养，而在实践活动中也出现一批起榜样作用的典型。例如，由阳光工作坊部分成员组成的“三明学院青春扶贫泰宁行教育关爱团队”获评“全国优秀实践团队”。东南网等媒体也进行了相关宣传报道。

（2）明理为树干，寓教于行，真正做到学高为师。给学生一杯水，自己就要有一桶水。因此，专业理论和技能的扎实学习就成了每位师范生都必须努力的功课。阳光工作坊注重以专业促实践，以实践固专业，鼓励和引导学生参与专业实践活动。组建大学生合唱团参加福建省大学生合唱节比赛，分别荣获专业组和非专业组一等奖；参加福建省高校师范生教学技能竞赛连续两届获得一等奖；在第八届“华文杯”全国示范院校师范生教学技能大赛中获得二等奖一项、三等奖两项。

(3) 明志为枝叶，引导学生以师为志，为国家未来基础教育事业增光添彩。在经济大发展的背景下，教师这门行业并不是所谓“挣大钱”的热门行业，但却是功在当代利在千秋的一项崇高事业。引导学生们以师为志，踏实扎实地立足本专业，提升自己的综合素质，为培养社会人才打下坚实基础。

2. 创新实践，新媒体打造新师范人。开展实践活动要注重与时俱进，通过新媒体和传统实践相结合的手段，开展形式多样、生动活泼的主题实践活动，引导学生自觉践行社会主义核心价值观，将社会主义核心价值观内化于心、外化于行。例如，举办活动“最可爱的老师”“最尊敬的老师”投票，共有近 900 多名学生参与投票，总投票数高达 8120 票。“演绎青春，探寻纯真，走进童真”活动紧密结合学院特色，发布儿童剧表演比赛讨论，页面浏览量、签名墙人数、投票数、评论数均达到 3000 条以上。在党的十九大召开之际，利用优课组织学习党的十九大精神，发布相关考试，参与考试人数达到 689 人，评论数达到 1235 条。而微信的考试经验分享主题也得到学生们的认可。

## 四、下一步加强和改进的计划

(一) 循序渐进，落实工作坊制度化和常态化

“阳光工作坊”项目已经成为学院学生教育工作的品牌和特色，因此促进工作坊的建设制度化和常态化，完善考核体系也就成为工作坊需要完成的一项工作。跟踪好台账完成进度，落实好印鉴审查工作，都有助于工作坊健康稳定的运行。也使得将工作坊的表现与平时评优评先、党员考核等挂钩，做到有理可依、有据可循。

(二) 共同发力，加强队伍内部融合

工作坊内部整体上分工较为明确，这样虽然提高了实践效率，使发力点更有针对性，但是有时候也会出现固守己责、各自为政的情况。因此，辅导员做好教育工作和组织协调工作，就显得尤为必要。工作坊应

该是一个整体，只有共同发力，才能发挥最大育人功效。

（三）以点带面，挖掘新的引领点

时代在发展，一代大学生有一代的特点。必须保持思维的变化更新，挖掘出符合时代特征且学生们易于接受的培养模式，才能不断推进人才教育的发展提升。

**项目负责人：** 陈丽斌

**成　　　员：** 温春勇　卓增蓉　陈　燕　郑博洋　朱　婕

# 打造医学生特色第二课堂活动 专业教育与思想教育有机融合

福建医科大学

教育部制定颁发的《高校思想政治工作质量提升工程实施纲要》明确提出“以立德树人为根本，以理想信念教育为核心，以社会主义核心价值观为引领，以全面提高人才培养能力为关键……着力培养德智体美全面发展的社会主义建设者和接班人，着力培养担当民族复兴大任的时代新人，不断开创新时代高校思想政治工作新局面”，第一原则是要“坚持育人导向，突出价值引领”。作为医学院校，在推动思想政治工作，促进工作质量提升过程中，要结合学校实际，坚持立德树人这一根本。围绕医学教育为主的第一课堂和思想政治教育为主的第二课堂之间的有效互动，以打造医学生特色第二课堂活动，突出第一课堂教学对思政的有效促进，实现第二课堂活动对第一课堂的有益补充，同时在活动中实现价值引领，使专业教育和思想教育有机融合，提升思想政治教育吸引力、感染力和实效性。

## 一、项目主题与思路

### （一）项目主题

一个学生活动本身如果没有思想引领和育人价值，这个活动就失去举办的意义。作为医学院校，活动开展过程中要获得认可，获得好评，除了前述思想引领和育人价值的内涵，也离不开医学专业特色，这是医学生活动参与过程中最直观、最现实的考量标准之一。因此，本项目的主题是“打造医学生特色第二课堂活动　专业教育与思想教育有机融合”。旨在通过活动加强学生专业教育；同时借助专业活动载体，融入思想政治教育内容，在活动中提升学生思想认识，实现价值引领的目的。

（二）项目思路

本项目开展围绕“一个中心”“两翼驱动”“四大载体”展开：“一个中心”即坚持立德树人；“两翼驱动”即第一课堂教学和第二课堂活动；“四大载体”即第二课堂，具体包括“模拟科室”技能大赛、解剖技能大赛、医学绘图笔记大赛、心理漫画大赛。一是通过举办具有医学生专业特色活动，将专业课程教育教学内容运用到活动中，实现第一课堂内容助推第二课堂活动；二是通过开展医学生专业特色活动，在活动中培养塑造学生思想价值观念、专业知识和技能等，让学生在活动中进一步强化对专业知识的认知，实现第二课堂活动检验第一课堂效果；三是通过第一课堂和第二课堂的有效互动，摒除专业教育与思想教育“两张皮”现象，达成有机融合，既突出知识传授、能力培养，又达到理想信念、价值理念、道德观念的教育。

## 二、实施方法与过程

（一）实施方法

围绕“活动参与—实践体验—情感升华”的项目设计，一是通过设计与医学生专业学习息息相关的活动——“模拟科室”技能大赛、解剖技能大赛，吸引学生有效、积极地参与活动，在活动参与过程中检验专业学习，重新审视专业学习对于自身成长成才的重要意义，以活动营造“尊重专业，崇尚学习”的良好学风；二是通过设计医学绘图笔记大赛、心理漫画大赛，通过医学生喜欢参与而又能够发挥自身特长的活动设计，将思想教育、心理健康融入其中，增强思想政治教育的吸引力和感染力。三是通过课堂教学、解剖技能大赛引发的外延活动——“感恩无语良师”，通过学生对大体老师的了解和祭奠，引导学生尊重大体老师，尊重生命，树立正确的生命观和奉献观。

（二）实施过程

项目实施过程中，因涉及学生对专业知识的学习和掌握，故主要放在每学年第二学期进行，一方面兼顾医学新生，另一方面考虑第二学期有清明节，活动开展过程中可以有效利用节日祭奠大体老师。具体实施主要分为四个项目、五个活动。

一是“模拟科室”技能大赛。纸上得来终觉浅，绝知此事要躬行。但到了临床再“躬行”未免有点“为时已晚”。因此，在基础学习阶段，从学习诊断步骤和临床思维方法开始，根据病史、体格检查、实验室检查和其他辅助检查资料，逐步由浅入深，最终做出正确临床诊断，能够为医学生日后学习打下良好基础。具体活动设置如下：第一环节急情再现——模拟现场急救。活动现场，选手根据事先抽到的急救技能为基础，以情景剧等形式规范地演示心肺复苏、包扎、止血、搬运等。第二环节望闻问切——模拟临床问诊。选手以情景剧等形式表演医生在给病人进行诊断的场景，重点结合医学伦理学相关内容再现医患沟通交流情景，反映当下医患关系。第三环节循疾溯因——进行病例分析。参赛队伍派出一名选手对本队的病例进行分析。参赛选手可从病人病史特点、病症表现、特异检查结果（化验检查、影像检查、病理检查等）等方面对病例进行全面分析，做出正确诊断，并提出合理的治疗原则（不要求具体用药）。

活动过程中参赛选手模拟接诊

二是解剖技能大赛。该项目涵盖两个活动：感恩无语良师活动；解剖标本和解剖绘画活动。在开展解剖标本和解剖绘画活动前，专门结合清明节开展感恩无语良师祭奠活动，让学生通过对大体老师家属的寻访，了解大体老师背后的故事，开展祭奠活动，进一步尊重大体老师、尊重生命，充分认识到自身专业学习是建构在无数大体老师的奉献之上，从而尊重自己的专业，严谨对待日常的专业学习活动。在开展祭奠活动基础上，进一步开展解剖标本和解剖绘画活动。有了前面活动作为铺垫，学生能够更加认真、审慎、负责对待解剖标本，同时能够利用手中的画笔绘出生命的光辉和色彩。

三是医学绘图笔记大赛。医学生的必备特长之一是绘画，他们需要绘制人体器官、骨骼、肌肉等。因此，结合他们兴趣特长，通过开展医学专业知识绘图笔记竞赛的形式，让他们在轻松、自如的活动中能够利用自己手中笔画出专业知识的内容。活动过程不仅是他们对于自身专业知识和技能的再回复、再梳理、再总结，同时也是他们对于知识进行凝练和提升的过程。此外，活动成果在全校范围内的全方位展览和展示，能够给优秀者带来获得感和满足感。对于一般学生，能够激励和带动他们学习的热情。

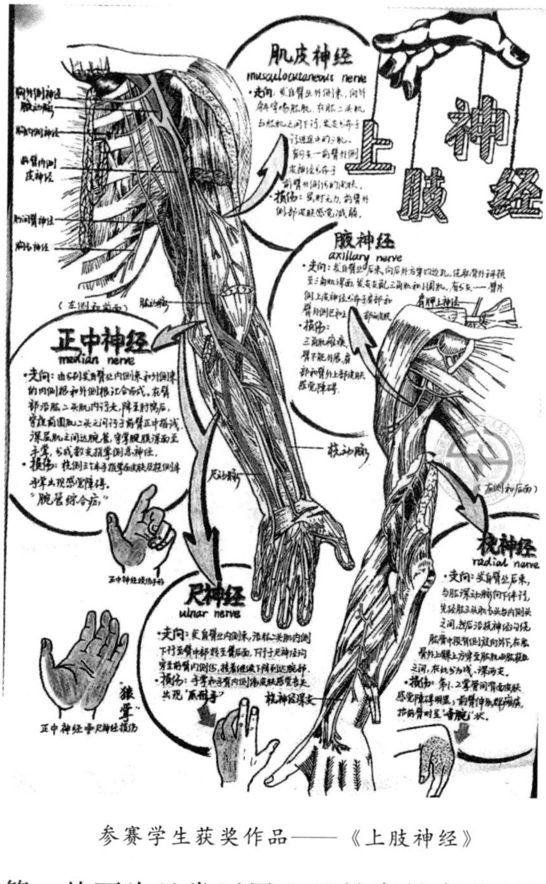


参赛学生获奖作品——《上肢神经》

四是心理漫画大赛。日常交往过程中，医学生经常通过自己的画笔表达内心的想法及思想动态。因此，结合学生兴趣，挖掘开展心理漫画大赛，引导学生通过漫画形式表达内心感受和想法，能够为他们的内心打开一道舒缓情绪、宣泄情绪的窗口。通过绘画作品解说和展示，能够了解学生当下的许多心态：宿舍关系认知、人际关系认知、情感关系认知等，从而为日常开展心理健康教育和辅导确定方向，服务学生健康成长成才。

## 三、主要成效及经验

该项目开展以来，活动覆盖面达 1000 余人。活动开展过程中，学生热情参与，积极响应，育人效果明显。

（一）专业学习助推第二课堂活动开展

第一课堂专业知识教育教学活动直接推动了第二课堂活动的开展。学生通过专业知识和技能的学习，能够提升第二课堂活动参与度和认可度，自觉、积极、主动地参与到第二课堂活动中，接收活动检验，在活动中进行实践锻炼，升华个人情感。同时，活动不仅考验专业知识和技能，也考验学生沟通交流、人际交往、现场表现等，实现专业知识教育与日常思想教育的无缝对接。

学生的画作

（二）第二课堂活动夯实专业学习基础

通过活动开展，将科室“带进”校园，将操作“搬进”教室，让医学生走进临床诊断并体验其中的严谨精神，以加深对医学严谨性、专业知识重要性的认知。同时，能够夯实医学专业基础知识，提高实践操作能力，培养学生研究性学习兴趣，营造创新教育的氛围，实现第二课堂对专业教学的有效补充和有益反哺。

（三）育人导向突出，价值引领效果明显

富有医学生专业特色第二课堂活动的打造，学生参与度高、影响力大、教育面广，与社会主义大学对人才培养目标、医学生人才培养方案紧密结合，既突出了项目的知识育人追求，也突出了项目的价值引领效果，是专业教育和学生思想政治教育深度融合、良性互动的有益探索。

## 四、下一步加强和改进的计划

（一）有效整合项目体系

在原有“一个中心”“两翼驱动”“四大载体”基础上进一步梳理整个项目体系，优化专业教育与思想教育高度融合的项目体系，进一步完善和优化项目设计，拓展活动载体，形成涵盖医学生专业学习各个主要科目，覆盖医学生教育各个年级特色的全学段、全方位项目框架。

（二）优化活动参与体验

要针对各个活动，结合医学生培养目标和学生思想引领要求，进一步优化活动的参与体验，扩大活动参与认可度，以高质量、有意义的活动吸引学生自觉、积极参与，在活动中引领学生思想，塑造学生正确的世界观、人生观和价值观。

（三）拓展项目育人内涵

要在活动开展过程中不断凝练和提升，打造品牌，形成医学生育人典范。同时，要进一步提高活动影响力和覆盖面，走出校园，吸引福州乃至全省医学生广泛参与。开展以学生组织为主要承办方，富有专业教育价值和思想教育价值的“民间”医学技能竞赛。

**项目负责人：** 苏景荣
**成　　　员：** 高　明　周瑶瑶

# 让“信仰之旅”相伴青春

## ——大学生“重走红军路”红土实践育人项目

闽西职业技术学院

2016年12月，习近平总书记在全国高校思想政治工作会议上指出，我国高等教育肩负着培养德智体美全面发展的社会主义事业建设者和接班人的重大任务，必须坚持正确的政治方向，高校立身之本在于立德树人。他强调，我国有独特的历史、独特的文化、独特的国情，决定了我国必须走自己的高等教育发展道路，扎实办好中国特色社会主义高校。

闽西红色文化资源十分丰富，据相关部门统计，目前龙岩市共有革命遗址410处，其中全国重点文物保护单位6处、省级文物保护单位17处、县级文物保护单位102处。闽西职业技术学院扎根于中央苏区、革命老区，坚持以红土精神办学育人，精心实施“三个转化”，即把红色资源优势转化为教育教学优势、转化为学科专业优势、转化为办学育人优势，唱响红色主旋律，探索出传承红色基因的“闽大经验”。

### 一、项目主题与思路

作为全国唯一一所辖县（市、区）均为原中央苏区的设区市，龙岩市近年来找准红色文化传承和弘扬的主题与定位，大力宣传和打造以古田会议为代表的红色文化品牌，保护红色资源，传承红色基因，讲好红色故事，传播红色能量，取得了积极的社会成效。学院抓住有利契机，充分利用本土红色资源，传承红色基因，在把闽西红土地精神融入学生教育教学的全过程中，汲取古田会议、才溪乡调查、红军长征出发地等红色资源养分，按就近原则，每年分批次组织大量学生利用双休日、节假日“重走红军路”，接受红色教育，重温历史，坚定信念，沿着革命先辈们的足迹，青年学生们对信仰和青春有了更深的理解和感悟。

1. 在建设中国特色社会主义新时期，以红色精神来引领社会发展的主流思潮，塑造健康、积极向上的价值取向，继承、发展民族精神。在闽西这片红色热土上，拥有庄严肃穆的革命旧址、星罗棋布的红色遗迹，这是历史馈赠闽西儿女最好的精神营养剂，而要充分吸收精神营养剂，把闽西红土地上众多且精彩的故事讲好，让闽西优良传统薪火相传、代代传承，必须让青年大学生担当体验者和讲授人。

2. 学院将“实施人文素质教育，打造第三本证书”作为福建省示范性现代职业院校建设工程“特色与创新”项目，围绕着人文素质系统的建设，创新人文素质活动形式，丰富人文素质活动内容，成为学校不断探索的思路。“重走红军路”让青年学生们穿梭在厚重的红色文化历史时空中，探索红色遗风，追寻先烈足迹，品读革命历史，重温红土精神，接受思想的洗礼。

3. “纸上得来终觉浅，绝知此事要躬行”。让学生走出教室、走出校园，走红军路、唱红军歌、吃红军饭、瞻仰红色圣地、读红军书、聆听红色土地上革命先辈的声音，切身感受“红军路”上的艰辛。学院每年组织学生以专业、班级、学生社团为单位或学生干部精干力量进行体验式红军路“征程”。

4. 学院将“重走红军路”作为人文素质特色活动之一，纳入学生素质分项目中，制定严格的目标考核体系，以期达到“课堂在路上”的育人效果。

## 二、实施方法与过程

“高校立身之本在于立德树人”。学校始终贯彻“一切为了学生，为了一切学生”的原则，围绕“培养什么样的人、如何培养人、为谁培养人”的问题对育人模式进行探索。学校从硬件、软件等多方面入手，寻求红色资源路线，积极让学生留存红色记忆，传承和弘扬红色文化，让红色文化“热”起来，让红色基因植入青年学生血脉，代代相传，将优

组织学生在古田会议旧址开展实地教学活动

良革命传统在“行走”中不断发扬光大。

（一）明确目标，围绕“主线”做文章

学院紧紧围绕以闽西红土地精神教育为主线，深入挖掘闽西红色资源的育人功能，按照立德树人的根本任务，不断丰富和完善学生素质训练项目，将“重走红军路”作为学院人文素质教育特色实践项目。“重走红军路”将学生人文素质教育与闽西红土地精神紧密联系起来，丰富和发展了学院人文素质教育的内容和形式，是践行社会主义核心价值观、传承红色基因的有效载体。

（二）精心策划，做好红土育人项目

学院每学年策划若干条具有代表性的红色路线，筛选出多批次学生精英或者以专业、班级、学生社团为单位编入“重走红军路”队伍中来，通过身着红军装、穿草鞋、抬担架、吃野菜、睡草席等最真实的实践体验活动，在真实场景中将“教”“学”“做”融为一体，贯穿于队伍行进全过程，让青年学生切实感受到无数英烈为追求理想浴血奋战、百折不挠、勇于牺牲的革命精神，坚定他们的理想信念、磨炼意志品格、践行行为规范，达到提升人文素质涵养的目的。

（三）后期分享与推广，落实育人实效

1. “重走红军路”成员将所学习到的闽西红色历史知识，所领悟的红土精神实质，以红土精神宣传志愿者的身份回校举行心得交流会、专题演讲、主题班会等多种形式的红色文化传播活动。

2. 收集“重走红军路”全程实践活动的资料与数据、参与人员的感想体会材料，安排思政工作人员不定期为校园网“红色视点”栏目提供更新资料，为学校红土校风、红土学风、红土春风等校园文化品牌建设提供新内涵、新亮点和新支撑。

3. 丰富“红土在线学习平台”的学习内容，将“重走红军路”相关视频、文档、图片等栏目资源，上传到红土在线学习平台，作为平台重要的学习资源，供每个学生在线学习。

## 三、主要成效及经验

学院将“重走红军路”作为人文素质教育项目的重要内容之一，列入学生人文素质训练项目。近两年来，全校共组织“重走红军路”30余次，参加人数超过1000人次，足迹遍及革命遗址近百处，受众面广泛，教育成效显著。“重走红军路”项目进一步推进了“红土育人”校园文化建设，丰富了学生人文素质教育体系中立德、立身、立行、立业“四个模块”活动内容，提升了毕业生就业质量，提高了办学效益，为培养“一技在手的现代阳光工匠”奠定了基础。

（一）“以学生为中心”的体验式教育效果显著

“穿红军服、唱红军歌、吃红军饭、走红军路”等活动必不可少，但学院的项目定位绝非停留在化装拍照、观赏节目、饭菜品尝等浅层次上，要保证体验式教育的效果，青年学子在路途中必须流淌汗水与泪水，使

松毛岭上祭英灵，长征精神启后人

他们深切体会到革命先烈与困难环境搏斗的艰辛，领略到红军当年不怕苦、不怕累、不怕困难的精神。一粒粮食的可贵，肩膀责任的重大以及其所流淌的每一滴汗水、血和泪，都体现对革命事业的赤诚之心。在红军路上，学生们学习到的革命历史知识，激发了他们的爱国热情和报效祖国的壮志雄心，丰富了艰苦奋斗在脑海中的内涵，使他们下决心将崇高理想与现实学习统一起来，不断进步。同时，青年学生也更深刻地体会到并懂得珍惜现在来之不易的幸福生活，表示会继承和发扬革命前辈艰苦朴素的奋斗精神，依靠自己的智慧和劳动创造未来的幸福人生。

学院非常重视活动的推广价值和意义，采取"以点带面"形式扩大教育受众面，比如开设"二十年红旗不倒""没有调查就没有发言权""建党建军的里程碑"和"红色小上海的铸造"等主题宣讲，给同学们以很大的触动，他们纷纷表示希望也能有"原汁原味、有惊无险、苦中有乐、先苦后甜"的经历，这可谓是人生宝贵的精神财富。

“重走红军路”红土实践团参加体验式活动

（二）开展学术研究，搭建起红色理论研究新平台

学校除了开展“重走红军路”实践性学习活动，也不忘提炼工作经验。“用老区精神培育大学生人文素质”项目获高校校园文化建设优秀成果三等奖；“大学生‘第三本证书’的探索与实践”入选首批省大学生思政教育创新示范项目；“深化文化育人管理改革，着力培养学生综合素养”获推荐申报教育部职业院校管理典型案例；“弘扬闽西红土地精神培育大学生人文素质”获省高校学生工作委员会年会典型经验评选二等奖；“红色资源开发运用策略与社会主义核心价值观教育”“让红色文化基因融入大学生血脉”入选省高校培育和践行社会主义核心价值观优秀案例；学校承担起草的全国第一部由设区市制定的红色文化遗存保护地方性法规《龙岩市红色文化遗存保护条例》于 2017 年 11 月 24 日获福建省十二届人大常委会第三十二次会议审议批准通过；“实施‘四进’工程，提升

红色文化立德树人实效”获2017年省高职教育省级教学成果奖一等奖；《闽西职业技术学院学报》推出“中央苏区发展研究”特色专栏，被国家新闻出版广电总局认定为首批学术期刊。

## 四、下一步加强和改进的计划

当前，不少青年一代对于红色精神的概念已经日渐模糊，他们甚至忘了那段历史所给予我们的警醒和启示。学校以特殊方式让他们重温历史，是对历史的尊重，也是对青年一代精神的洗礼。今后，学校将进一步创新体制、机制，挖掘“重走红军路”的教育内涵，采取多项举措保障“重走红军路”项目的长久开展。

（一）扎实做好“重走红军路”故事的宣讲工作

继续利用好闽西红色资源，建立“红土地”校园宣讲基地，成立“重走红军路”宣讲团，将优秀实践参与者纳入其中，组织引领他们开展红色宣讲活动，走进课堂、走进礼堂、走进宿舍，在校内外开展深入、持久、生动的爱党爱国主义宣传教育，传承红色基因，讲好红色故事。与项目相衔接，学校将组织学生观看近年来已经拍摄的《红色摇篮》《邓子恢》《古田会议》《红色闽西》《下南洋》《绝命后卫师》等多部具有闽西本土特色的精品电视剧、纪录片，还计划采取“寓景于情”的现场教学情景剧宣传教育形式，编排《一圆公债券》《古田会议铸军魂》《情系松毛岭》《长征从这里开始》等情景剧，以期引领全体青年学生传承红土精神，让红土精神在校园内牢牢扎根。

（二）强化师资力量做好学术研究

作为闽西红土地上唯一一所高职院校，在办学育人特别是国家骨干校建设、省二轮示范校建设过程中，充分发挥闽西红色资源教育优势，通过突出红的特色，做足红的文章。在今后，将引进和培养“又红又专”的教师，加大红色资源开发运用力度，加强大学生红土精神特质培养，不断推进学生红土精神的培育。

（三）开发与设置校本课程

“重走红军路”作为体验式教育模式，受限于各方面条件，学校无法组织全校每位学生参与实地活动。鉴于此，要抓好学生育人工作与发挥红色资源优势的深度融合，校本课程的开发与设置势在必行。项目“重走红军路”校本课程的开发与设置将与学生学分挂钩，以必修课形式纳入学生学分综合考评体系中，让红土地上的故事撒播在全体学生脑海中。

**项目负责人：** 王阳根

**成　　　员：** 涂海英　陈建萍　伊国鑫　杜谷文　郭晶红　吴晓莹

# 网络思政

# “互联网+”大学生禁毒教育体系的实践与探索

## ——“化学人绿橙丝带行动”

福建师范大学

禁毒宣传教育是全社会共同的责任，是高校思想政治教育中德育教育的重要环节。本项目以思想政治工作方式方法为手段，以化工类专业学科教育为依托，以新媒体平台为载体，以立德树人为目标，探索“互联网+思想引领+学科教育+志愿服务”的大学生禁毒防毒教育体系——“化学人绿橙丝带行动”。旨在落实推进“扫黑除恶”专项工作以及青少年学生毒品预防教育“6·27”工程的要求，切实抓好青少年群体的预防教育，提高高校毒品预防教育工作水平，丰富高校毒品预防教育资料。本项目有利于增强大学生自我保护意识，培养大学生掌握禁毒的技能，提升大学生社会责任感和使命感，发挥高校服务社会的功能，为全社会夺取禁毒战争的胜利做出贡献。

### 一、项目主题与思路

习近平总书记就禁毒工作作出重要指示，要坚持关口前移、预防为先，重点针对青少年等群体，深入开展毒品预防宣传教育，在全社会形成自觉抵制毒品的浓厚氛围。截至 2017 年，福建省实际吸毒人数高达 73.8 万人，占全省常住人口总数的 1.9％。青少年是毒品滥用的主要群体，占比高达 66％。高校是进行校园禁毒防毒教育的“最后一站”，大学生既是毒品传播的主要受害者，又是禁毒战线的主力军。因此，切实抓好青年大学生群体的禁毒防毒教育，是应对严峻毒品形势的必然要求，事关社会和谐稳定，事关人民幸福安康，事关禁毒工作全局。

化学与材料学院设有化学工程与工艺、应用化学、材料类等专业，进行禁毒防毒宣传有天然的学科优势。同时，鉴于化工类学科的学科特点，化学在制毒与禁毒的较量中发挥着“双刃剑”作用。因此，禁毒教育在化工类学科学生的思想政治教育中也有其特殊重要的地位。

“思想政治工作是一切工作的生命线”，运用思想政治工作的方式方法开展高校禁毒教育，既能使思想政治工作得到延伸，又能给禁毒教育提供更广阔的平台。同时，新媒体时代给高校思想政治教育传播生态带来深刻变革，发挥新媒体的功能优势，改变过去禁毒宣传生硬空洞的说教或简单的“恐吓式”教育，构建一个宣传方式生动、宣传效果良好的“互联网＋”高校禁毒防毒宣传教育体系，优化网络禁毒宣传的模式，打造并借助立体化的思政教育平台开展高效禁毒教育工作。

基于此，本项目旨在推进青少年学生毒品预防教育“6·27”工程，切实抓好青少年群体的预防教育，提高高校毒品预防教育工作水平，丰富高校毒品预防教育资料，帮助大学生真正认识毒品，自觉远离毒品，保护并帮助青年大学生健康成长成才。

## 二、实施方法与过程

### （一）指导思想

就学校而言，禁毒防艾教育属于德育的范畴，是思想政治工作的一种具体延伸。把禁毒防艾教育抓实抓好、抓出成效，思想政治工作就找到了一种突破口，二者相辅相成、相互作用、缺一不可。在实际工作中，把二者有机地结合起来，会形成一种创新力、感召力、凝聚力，让千万大学生受到教育、终身受益。

在学校有关部门的监管和支持下，“化学人绿橙丝带行动”的建设和运行严格遵守国家有关法律和政策规定，严格遵守公安禁毒工作有关规定，按照新媒体传播的规律和特点，在福建师范大学化学与材料学院相关领导及专业教师的指导下，由学院师生综合运用微信公众号、微博等载体，图、文、光全方位立体化展示传播内容，将思想政治教育与禁毒防毒宣传相结合，打造“互联网＋思想引领＋学科教育＋志愿服务”的新格局，实现线上线下一体化运行，增强禁毒宣传的时代感和吸引力。

“我是化学人”科普志愿服务团向小学生做禁毒宣讲

（二）实施方法与过程

1. 依托优势品牌：“我是化学人”品牌工程。福建师范大学化学与材料学院自 2012 年起就率先在学校范围内奋力打造符合学院青年学子专业特色的“我是化学人”学生工作品牌。按照“化学人的素养”“化学人的技能”“化学人的责任”三大框架，用好组织建设、科技创新、素质技能、志愿服务四个抓手，培养青年明辨、勤学、求是、笃行、创新五种精神。

五年来，学院与福建省科技馆、福州市科技馆等 10 多个校外单位共同合作开展科普志愿服务活动。建设了 4 个科普体验中心，打造动漫、漫画等线上线下科普文创产品 35 件，完成了 1 部宣传片，1 部《萌葵化学游园寻梦记》科普动漫作品，9 册科普系列漫画，另外还创作了《你不知道的化学》科普手册、涂色明信片、化学月历、科普电脑壁纸及苯宝宝马克杯、U盘、钥匙扣等科创文化产品。

“化学人绿橙丝带行动”正是依托“我是化学人”这一品牌开展。“化学人绿橙丝带行动”结合学院专业特色，注重集专业性、趣味性、教育性于一体，利用化学技能传播科普禁毒防毒知识，具有内在的生命力，在提升品牌价值的同时也获得了学生群体的广泛认同和参与。

2. 打造官方形象：禁毒大使——“化学人苯宝宝”。禁毒防毒教育是一项严肃、专业的工作，并不容得玩笑，但现实教育中的教条式、甚至是“恐吓式”的禁毒教育往往引起学生的排斥甚至反感。于是，我们便有了寻找一个形象“替代者”的思路，找到一个能为校团委发声的“代言人”，实现从“官方组织”——“形象代言人”——“青年学生”的对话。

广告学认为，形象代言人是品牌文化基因的人格化，与品牌形象息息相关代言人的创造也不是信手拈来的，它需要与工作特质具有同一性，也就是代言人既要凝聚化学与材料的文化内涵，同时积淀“化学人绿橙丝带行动”的工作理念。因此，禁毒大使——“化学人苯宝宝”应运而生。

取名“苯宝宝”源于她是以常见的化学结构——苯环作为原型设计的，“苯宝宝”谐音流行网络语“本宝宝”。“苯宝宝”手持代表禁毒的绿橙丝带，以清新活泼的形象在各类平台开展禁毒防毒宣传教育，既实现了教育风格的转变，又避免了禁毒教育“有

禁毒大使：“化学人苯宝宝”

失身份”的尴尬，真正实现组织与学生的对话。

3. 搭建微信平台——“苯宝宝禁毒学堂”公众号。“苯宝宝禁毒学堂”微信公众号是学校第一个专业主题的微信平台。“苯宝宝禁毒学堂”微信公众平台在化学与材料学院相关专业老师的指导下，以化学与化学工艺、应用化学专业学生为主体，以各小组的密切协作为基础，充分发挥学生的积极性和创造性，化学与材料学院师生全体动员，全员参与，人人都是通讯员，人人都是麦克风。“苯宝宝禁毒学堂”微信公众平台运作团队下设多个小组，分别为文字采编组、新闻组、信息审核组、反馈回复组、外联沟通组等，各小组明确职责任务，完善运作流程，采取流水线作业，密切协作，资源共享，互相配合，保证平台的日常工作能够顺利进行，保障微信平台信息推送的效率和质量。

微信公众号内容供给注重时效性、新颖性、专业性和原创性，设有禁毒新闻、毒品课堂、禁毒前沿、禁毒先锋等若干板块。“禁毒新闻”推送最新禁毒相关新闻、资讯；“禁毒前沿”推送禁毒有关前沿和热点话题；“禁毒先锋”报道禁毒领域模范和先进人物事迹；“禁毒课堂”介绍各类毒品知识。

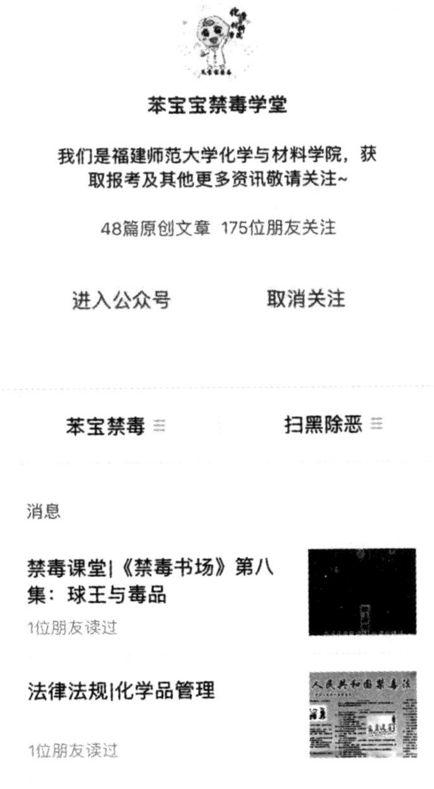

“苯宝宝禁毒”微信公众号页面

“苯宝宝禁毒学堂”微信公众平台秉持交流、共享、学习、价值和公益之理念，致力于传播禁毒基础常识、报道禁毒最新资讯、展示禁毒师生动态、促进微信用户沟通交流，着力打造禁毒主题的微信公众平台。平台的建设和运行，实现了禁毒宣传教育工作与大学生社会实践和专业实践的紧密结合，实现了禁毒理论教学和禁毒实践的紧密结合，实现了禁毒理念的深入渗透和广泛传播，共同致力于毒品危害防控，扩大禁毒文化和毒品预防教育的辐射范围和传播深度。

4. 用好网络阵地——构建多平台禁毒教育矩阵。在学校成熟的“五微五阵地”新媒体体系的基础上进一步整合资源，利用学院、年级、班级、团支部的校园微博体系打造“化学人绿橙丝带行动”联合舰队；共同落实“6·27工程”要求，营造“学生不吸毒，校园无毒品”的禁毒氛围，形成了无“微”不至的全覆盖禁毒教育宣传微体系。

## 三、主要成效及经验

（一）项目“三成效”

1. 探索思政工作“新载体”。本项目以禁毒宣传为依托，以新媒体和社会实践平台为载体，以学生学科专业为立足点，以学生德育法育为目标，将大学生法制教育、品德教育与专业知识、技能培训相结合，将学生法制教育、道德教育润物无声地融入学生培养过程中，是思想政治教育工作载体创新的一次探索和实践。

2. 推进辅导员能力“专业化”。辅导员的“专业化”不仅仅指的是思想政治教育业务能力的专业化，也要对学生所学的学科特点、专业方向有一定的涉猎和了解。本项目涉及大量的专业知识，辅导员要加强对学生学科专业知识的了解，让思想政治教育工作更加务实落地。

3. 提升理工科学生“责任感”。项目实施过程中，我们始终坚持品德教育和法制教育相结合的理念。通过项目的实施，使学生本身在宣传防毒禁毒知识的同时，真正感受所学的学科专业对社会建设的重大意义，有利于增强他们的自我保护意识，培养掌握禁毒的技能，提升社会责任感和使命感，发挥高校服务社会的功能。

（二）项目“三特色”

1. 立意高远：品德教育与技能培养相结合。本项目始终坚持学生品德教育与学科技能培养相结合，以规范有序的组织引导学生、以丰富多样的形式吸引学生、以生动形象的案例感染学生，使同学们在接受禁毒教育宣传的同时，自觉践行禁毒防毒理念，实现品德教育和法制教育的目的。

2. 寓教于乐：线上推广与线下实践相结合。项目除了线上的宣传推广，还通过线下的科普志愿宣传、科普小实验的设计与实施，为学生成员提供了丰富的实战机会，这些活动以喜闻乐见、寓教于乐形式得到了同学们的欢迎和肯定，提升了学生参与项目的积极性，提高了项目的实施效果。

3. 全面关注：专家指导与循环反馈相结合。项目组在活动实施过程中始终将关注点放在学生素养提升上，每次的原创微博、微信公文号推送的文章均经由专业老师点评，保证宣传质量的同时给予每个学生个性化的指导，通过这种循环反馈的形式保证了工作的持续性。

## 四、下一步加强和改进的计划专业

1. 完善“苯宝宝禁毒学堂”微信公众号。运行团队还将不断改进平台运作机制，不断创新栏目内容，不断尝试微信最新技术应用和相关服务产品更新升级等创新性活动。一方面，对微信平台运行数据进行实质性评估，总结提炼对平台改善具有建设性的意见；另一方面，随着腾讯公司微信平台功能的不断开发更新，平台将会积极引入新技术，开发新功能，不断迎合新形势的需求，推出交互性和便利性更强的服务产品，以赢得广大用户的喜爱和继续关注。

2. 开发苯宝宝禁毒文创产品。“我是化学人”已有科普漫画、文创产品十余件。项目组计划将“化学人绿橙丝带行动”制作成系列动漫文创产品，一方面，方便青少年朋友进行阅读，以更好地了解相关知识；另一方面，文创产品有利于线上传播，扩大传播效果和影响力。

3. 开设苯宝宝禁毒“微课堂”。依托学院专业师资队伍，借助慕课、易班等平台，开设禁毒“微课堂”，以专业、严谨的视角传播科学禁毒知识。

4. 推广禁毒科普志愿活动。现学院已建设有四个科普体验中心，还计划将科普体验中心进一步拓展到闽侯县乃至福州市周边地区。“化学人绿橙丝带行动”将与科普志愿活动相结合，在向更多的青少年传播禁毒防毒理念的同时，提升大学生自身化学技能、专业素养和社会责任感。

**项目负责人：** 李天丽

**成　　　员：** 郑瑜辉　林文松　陈　强

# 巧用新平台　让辅导员工作不打烊

福建师范大学福清分校

2016年12月，习近平总书记在全国高校思想政治工作会议上指出："要运用新媒体新技术使工作活起来，推动思想政治工作传统优势同信息技术高度融合，增强时代感和吸引力。"新技术的应用是新时代高校思政工作的创新要求，也是探索新途径，寻求新方法，提高实效性的必然选择。"易班"运用于智慧型大学生思想政治教育，融合教育信息技术，有利于实现思想政治教育个性化、专业化和高效性的要求，从而打造学生满意的智慧型教育。

## 一、项目主题与思路

党的十九大报告指出，要加强和改进思想政治工作，深化群众性精神文明创建互动。高校加强和改进思想政治工作应提高对班级文化建设的重视程度。班级是高校培养人才的基本载体和单位，也是学生在校期间接受教育的主要阵地，更是加强大学生思想政治教育的主要场所，对大学生的全面发展起着重要的作用。高校班级文化建设是高校思想政治教育实践的重要组成部分和有益探索，科学建设高校班级思想、文化和内涵是探索高校思想政治教育新发展的有效途径。而易班作为高校网络思政教育的新媒体平台，运用易班推动高校班级文化建设具有现实意义。

当前各高校已经形成易班发展中心—校易班工作站—二级学院易班工作站三级发展机制，通过易班平台推动以班级活动开展为载体的班级建设已具备一定条件。作为高校思政工作者，应积极主动引导学生干部组建易班班级建设队伍，建设易班班级文化，运用易班平台推动高校智慧思政发展。本项目通过利用易班的非商业性、服务性和共享性等特性，运用“班级”和“论坛”等功能，采取线上宣传推广和线下具体实践方式，开展了易班班级建设系列活动，包括“党的十九大精神”和习近平新时代中国特色社会主义思想党员宣讲活动，以向青年榜样习近平同志学习为主线的“找寻青春答案”活动，“我们班不易 young”主题班级风采大赛以及“Our Class，Our Dream”等系列主题活动，有效推动了班级思想、文化和内涵建设，丰富了校园文化载体建设，在实践层面上也对学生思想政治教育起到良好的推动作用。本项目借助当前易班平台的信息化技术手段，通过开展系列主题活动的方式，力图推动及加强班级思想、文化和内涵建设，并在班级建设的实施过程聚焦思想引领，加强青年学生的意识形态教育，积极弘扬时代主旋律和传播网络正能量，力求打造新时代高校思想政治教育的智慧创新模式。

## 二、实施方法与过程

（一）打造活动特色，强化思想引领

1. 依托易班平台，开展“党的十九大精神”、习近平新时代中国特色社会主义思想进班级活动。党的先进文化是班级文化的主要内容，融入党的先进文化，班级文化才有生机与活力。选拔各班优秀党员组建学院大学生理论宣讲团，深入班级、宿舍进行宣讲，用自身喜爱的方式有效学习、研究、宣传党的创新理论和路线方针政策，发挥青年学生主体作用，用青年语言讲青年故事，打通思想政治教育“最后一公里”。在线上，通过制作活动图文、发布话题对活动进行前期宣传，通过轻应用快搭，充分利用易班轻投票功能以及设置经验分享活动，增加班级同学的参与度，烘托浓厚的学习氛围。在线下，通过现场宣讲把党的先进思想带进班级，帮助班级同学树立“四个自信”，增强“四个意识”，同时邀请学校专家理论宣讲团开设“这些年习总书记对青年大学生说过的话”的主题讲座和“改革四十年，融情中国梦”主题宣讲等活动。

2. 依托易班平台，开展由学院易班工作站主导、各班级参与的以向青年榜样习近平同志学习为主线的“找寻青春答案”活动，该项目已获学校学生工作部的一般易班立项。通过围绕学习《习近平的七年知青岁月》，开展“难忘知青岁月，学习榜样力量”和“忆苦思甜，做一个好‘后生’”等系列活动，在班级形成榜样学习氛围，学习青年习近平矢志不渝的理想追求和爱国为民的家国情怀，帮助新时代青年树立理想信念。在线上，国文宣传贯穿于理论学习和户外实践活动全过程，在理论学习活动过程中上传理论辅助学习材料，帮助班级成员深入理解学习内容，后期通过易班平台评选“青年阅读之星”；在户外实践活动中，利用易班易运动功能号召班级成员进行运动打卡并记录行走步数。在线下，召集班级成员认真研读《习近平的七年知青岁月》，研读结束后开展心得分享会；在福清市区进行为期一天的“一元生存挑战”，所获公益基金由主办方统一捐赠给红十字爱心基金会。

“找寻青春答案”活动之户外实践

（二）培育文化特色，增强班级凝聚力

以“我们班不易 young”为主题的班级风采大赛为切入点，通过易班平台进行活动宣传，基于易班轻应用快搭平台创建“班级风采大赛”轻应用，并结合图文进一步展现班级易班风采展的特色。通过比赛，加强班级同学的沟通交流和团结协作，深入发掘班级特色，打造特色班级文化。在线上，通过制作活动图文对活动进行前期宣传，同时在易班话题、相册和其他功能模块中建立班级档案，翔实记录班集体和同学个人丰富多彩的校园学习、工作、文化和其他课余生活，加强学生关注；上传班集体或同学个人奋发图强和互助友爱的图片及说明，营造向上、向善的风尚，增进同学友谊。在线下，通过创建班标、班旗，录制班歌等方式，树立班级形象，激发同学集体荣誉感和参与活动的热情；举办现场班级风采展示比赛，通过评分方式角逐优胜，充分展示班级风采，增强班级凝聚力。

“我们班不易 young”班级风采大赛易班平台活动宣传

（三）突出专业特色，促进学生成长

以习近平新时代中国特色社会主义思想引领班级精神文化建设，塑造班级魅力、活跃班级气氛、提高班级凝聚力、传播班级影响力，增强集体荣誉感。外国语学院结合语言特色和文化交融的专业特点，开展以“Our Class，Our Dream”为主题的班级内涵文化建设系列活动，包括六个子活动，分别为“Show My Class”“Better Knowing，Faster Realizing”“Class Oscar”“Up，しょうねん！”“Stand By Me”和“Super Class，Super We ”。在线上，通过易班功能建立班级群组，以群组的方式发挥班级功能，同时充分运用易班资料库功能，让每个加入易班班级的同学参与并共享板块中的发布通知、征求意见、班级决策、活动开展及发布问卷投票等内容。在线下，通过班服设计、“党的十九大”微视频及征文比赛等特色活动，加强学生对专业知识的运用，打造富有专业特色的文化内涵的班集体。

## 三、主要成效及经验

习近平总书记指出，做好高校思想政治工作，要因事而化、因时而进、因势而新。因而，通过“易班”平台推动班级建设从而实现智慧思政教育正是基于创新思政工作模式理念提出的，从某种意义上促进了思想政治教育工作的高效性、科学性和规范性。

（一）提升班级成员思想境界

中国特色社会主义进入新时代，意识形态领导的形势依然错综复杂且面临着多元化挑战。大学生思想教育领域可以没有边界，但要坚持正确的政治方向。班级文化作为校园文化的重要组成部分，其非功利性价值取向、心灵主义导向以及对价值理性的宣扬，有利于提升学生的思想境界。在班级文化建设中所采用各种主题新颖、内容丰富、形式多样的主题教育活动形式，对思想境界的提升也有着重要作用。“党的十九大精神”和习近平新时代中国特色社会主义思想党员宣讲活动，以班级党员宣讲的形式，不仅使宣讲人深入学习领会了精神和思想精髓，而且提升了受众同学的学习成效。“找寻青春答案”活动以易班平台线上学习《习近平的七年知青岁月》为主线开展三个系列实践活动，使学生在学习理论知识的基础上能够投身实践，理论联系实际，达到思想政治教育的目的和效果。

（二）增强班级向心力凝聚力

筹备班级活动是对班级凝聚力的试炼。在班级建设活动中，班级成员学会分工合作，学会协调，学会分享。丰富多彩的班级建设活动对大学生有很大的吸引力，每个班级成员都可以在活动中展现自我、增进了解、促进友谊，最后在活动中享受集体的欢乐。同时，班级文化建设使学生置身班级文化情境之中，既受到人文精神的熏陶，也受到物质环境的感染，加之和谐友好的班级氛围等，这些都给学生带来极大的精神享受和心灵慰藉，促使学生产生积极向上、奋发进取的情感，而这种情感在班级学生之间互相感染，即会形成班级良好的文化氛围，并且在潜移默化中塑造班级学生的品格。“我们班不易young”主题班级风采大赛通过易班线上平台的话题、相册等模块的班级档案建设和线下实践平台的班级风采展示，使学生在团队协作的班级氛围内受到感染和教育。在比赛过程中，班级成员发挥各自专长且通力合作，根据组织协调、信息技术等能力不同进行分工，在线上进行网络宣传和推广，在线下团结协作进行风采展示，全体同学都以班级荣誉为共同目标努力奋斗，大大增强了班级的向心力和凝聚力，同时也取得一定的成绩，比如在“我们班不易young”主题班级风采大赛中，2017级商务英语1班和2017级英语2班分获一等奖和优秀奖。

（三）彰显班级专业文化特色

班级文化与专业文化之间有着天然的联系，高校学生依据专业分班，其班级文化中天然隐含着专业文化的元素，并随着班级文化的建设而不断融合发展。受专业文化的影响，学生的学习、生活、实践等处处呈现专业特色，形成以专业文化为特色的班级文化。专业文化充分体现一个班集体的独有特性，而打造具有专业特色的班级文化有利于学生成长成才。一方面，与专业结合的班级文化具有一种无形的、强大的教育力量，有利于学生树立崇高的理想和坚定的信念，在思想上形成强烈的集体荣誉感和巨大的凝聚力，从而形成良好的职业素养；另一方面，与专业结合的班级文化建设，有利于形成良好的职业教育环境，促进学生职业能力的培养。

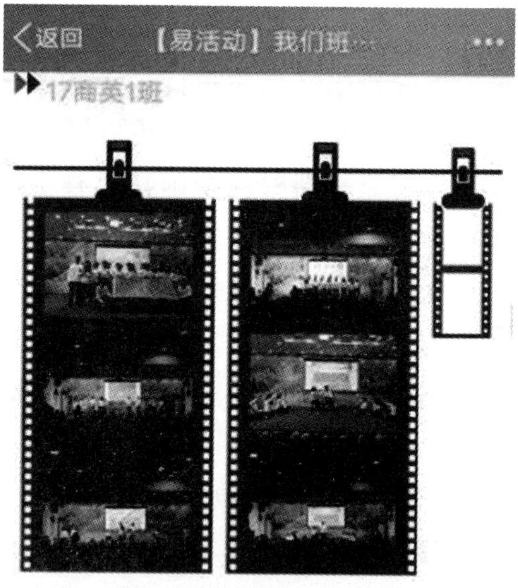


音乐剧《音乐之声》中故事与音乐的结合，让我们看到了团结的“17商英”，班歌《没有什么不同》更是让我们看到了仰望星空、怀梦奋斗的“17商英”。

2017级商务英语1班获一等奖

"Our Class，Our Dream"主题班级系列活动都是根据外国语学院的专业特色与班级特点策划实施的，通过专业特点与班级文化及易班特性相结合，让学生通过线上对易班功能的运用及线下对专业知识的领悟，实现专业文化与班级文化相交融，从而得到自我的提升。通过活动也涌现出一些专业文化特色显著的先进班级，如"17 英语"1 班获专业风采展一等奖，"17 商英"1 班、"17 英语"2 班获专业风采展二等奖，"17 日语"1 班、"16 日语"1 班、"16 商英"2 班获专业风采展三等奖。

## 四、下一步加强和改进的计划

（一）加强轻应用开发

借助易班网络平台，搭建研发校园文化活动特色应用，营造健康和谐向上的网络班级文化环境。增强学生参与易班网络建设的主动性，推动学院和班级网络文化创新发展。同时结合学院和班级文化特色，从学生的发展需求和创新精神培养角度出发，在广泛使用的基础上对"轻应用"作进一步的研究和开发。有相关工作经验的教师和学生组建团队开发与第二课堂相关的轻应用，在设计上要紧扣时代主题，弘扬主旋律，传播正能量，精心编排宣扬主流价值观的教育内容，传播富有"营养"的思想和文化，打造易班网络育人新阵地。

（二）注重线上线下协同

将学院和班级文化内容培植到易班平台上，并将易班元素融入已有的校园文化品牌活动，形成富有本校特色的网络文化品牌。学院、班级两级文化可通过师生线上活动策划和线下活动开展，让学生在潜移默化中受到校园文化熏陶。同时注重"线上"与"线下"有机融合，最大限度发挥校园文化的正面引导作用。学院、班级的品牌活动或在培育期间的活动都可在易班上宣传、开展。以外国语学院的专业志愿服务团队为例，团队已多次为地方政府的各项国际会议、体育赛事等提供外语翻译志愿服务，把志愿服务宣传植根易班平台，线上宣传志愿服务精神，线下引导更多的大学生为社会提供专业性服务。

（三）拓展易班管理功能

易班的教育功能已经比较成熟，但针对辅导员日常管理的功能还较少，辅导员工作内容涉及学生的学习、生活和工作等方方面面，任务繁重且需要精细化管理。如能将辅导员日常管理通过线上与线下对接，形成系统的网络管理体系，将大大提高辅导员的工作效率和工作质量。例如，可在易班平台增设辅导员日常管理模块，包括“签到”“请假”“通知”等日常管理常用功能，将平时线下的点名、请假审批等事务通过易班平台来实现，同时可基于易班的定位功能实现实时签到，增强考勤数据的真实性和可靠性。

新时代辅导员要将新技术、新手段与工作实际结合，创新工作方法和手段，积极探索适合当代大学生特点的工作模式，提升思想政治教育工作的科学化、规范化和精细化水平。易班作为当前高校思想政治教育的新平台，有助于辅导员创新工作模式，提升工作效率，提高工作成效。易班平台的探索和实践应用，为辅导员工作注入了新鲜的血液，受到广泛的认可，真正做到与时俱进。

**项目负责人：**朱宇航

**成　　　员：**陈秀兵　林钦松　陈国荣　陈　飞　阮韦伟　蔡琼茹

# 管理服务

# 打造“4＋志愿服务”新模式，探索第二课堂育人新阵地

福建师范大学协和学院

习近平总书记曾深刻指出：中国青年志愿者事业是我们党领导的共青团在新的历史条件下创新工作领域、服务社会需求的一大创举。他多次对志愿者服务提出殷切希望，希望志愿者要弘扬志愿服务精神，坚持与祖国同行、为人民奉献，以青春梦想、用实际行动为实现中国梦做贡献。自20世纪90年代共青团中央发起实施中国志愿者行动以来，学校对大学生志愿服务的支持力度不断增强，大学生志愿服务的影响不断扩大，社会对大学生志愿服务的认同度不断提升。2017年，国务院通过《志愿服务条例》，强调学校、家庭和社会应当培养青少年的志愿服务意识和能力。因此，深入开展志愿服务活动是践行社会主义核心价值观的必然要求，是培养大学生社会责任感的重要平台，同时也是提高学校人才培养质量的有效途径。

## 一、项目主题与思路

福建师范大学协和学院外语系历来高度重视学生志愿服务工作，把志愿服务作为大学生培养和践行社会主义核心价值观的有效载体，通过“思想＋志愿服务”“党建＋志愿服务”“专业＋志愿服务”“互联网＋志愿服务”等“4＋模式”的打造，从人才培养、阵地建设等方面全方位为学生搭建志愿服务平台，打造外语系志愿服务品牌，切实发挥志愿服务活动作为第二课堂的重要支撑，积极反哺第一课堂学习，引领校园新风，助力学生成长成才。

## 二、实施方法与过程

### （一）通过“思想＋志愿服务”模式，提升格局，让志愿服务成为学生服务社会的“原动力”

通过同学们喜闻乐见的方式，润物无声地将社会主义核心价值观有机结合，在秉承“奉献、友爱、互助、进步”的志愿服务精神同时，积极引导青年学生形成较高的思想政治觉悟和道德修养，提升人生格局，培养当代大学生的使命担当，进一步增强青年学生服务社会的“原动力”。

学生志愿者进社区开展“爱在清晨”主题服务活动

一是开展亲情关爱志愿服务活动。外语系通过开展“爱在清晨”为主题的志愿服务活动，每月定期组织30人志愿者服务队进社区帮扶关爱农民工子女和留守儿童。通过义务支教、心理辅导、时事热点讲解等方式，帮助他们在学业上补缺补漏，生活上分忧解难。

学生志愿者开展旧衣回收活动

二是开展弘扬新风志愿服务活动。“寄情西部—温暖你我”旧衣回收活动已持续开展了7年，回收旧衣物近万件，志愿者参与人数达3000多人次，成为外语系志愿服务的品牌项目之一。外语系志愿者每年定期向全院师生收集二手衣物，并与福州市天新公益园合作，将募集到的衣物捐献给西部偏远山区人民防寒保暖。该志愿服务项目随后在学院推广。2014年，2012级英语1班团支部30余名志愿者开展“爱心雨伞，情暖师大”志愿服务活动。该支部与中国人民银行仓山区支行合作共建，定点无偿为师生提供应急雨伞借用服务。

此外，外语系定期开展“节水、节电、节粮”“光盘行动”等志愿服务活动，志愿者制作相关警示标语贴于公共场所的盥洗盆、电灯开关以及食堂餐桌上，并且深入食堂倡导、劝诫广大学生爱惜粮食，杜绝浪费，从思想上、行动上引导青年学生珍惜资源，勤俭节约。

（二）通过“党建+志愿服务”模式，锤炼党性，让志愿服务成为改进作风、凝聚力量的“助推器”

通过组建以党员为主体、入党积极分子为主要成员的志愿服务队伍，充分发挥党员的先锋模范带头作用，不断丰富党建活动形式，提升党建工作内涵，使志愿服务成为锤炼党性、改进作风、凝聚力量的“助推器”。

一是推进党建志愿服务进基层。自2012年6月，由外语系30余名学生党员组建的志愿服务队与福州市仓山区林浦小学共建社会实践基地，开展了“喜迎十八大，青春促发展”暑期社会实践活动。党员服务队结合“福建师范大学105周年校庆”，开展文化寻根；针对关爱留守儿童，开展趣味英语课堂；运用专业知识，服务林浦当地旅游。党员志愿者还进行“一对一”课业帮扶，针对林浦小学学习困难的学生，他们通过面对面教学、QQ、电话等方式，建立起长效帮扶机制，进行课业辅导；定期前往林浦村探望慰问孤寡老人，为他们打扫卫生，进行亲情陪护；助力林浦旅游景点建设，为景区景点悬挂中英文标示牌、赠送相关图书、为当地村民培训旅游英语等。2016年，外语系赴嵩口古镇开展“红色基因代代传·知行合一促发展”暑期社会实践活动。党员志愿者们开展了“保护村落，对话古镇”“寻访手工艺接班人”等志愿活动，倡导游客文明游古镇，宣传和保护古镇非物质文化遗产。

学生志愿者到旅游景点教村民读英文

党员志愿者与林浦小学生进行“一对一”帮扶

二是扎实开展“五十五”党员大课堂活动。结合学院党员“五十五”大课堂要求，外语系开展“不忘初心跟党走·青春建功新时代”党员学生返乡社会实践活动，要求学生党员积极参与志愿服务，以实际行动深入社会，到群众中去。外语系学生党员积极响应，通过重点组队与分散实习、线上与线下相结合的方式，分赴各地开展志愿服务活动，并在线上发表感想感悟。其中，党员实践小分队多次赴闽侯“善恩园”开展志愿服务活动，为身心缺陷的弃婴和父母受刑无人看管的孩童送温暖，为留守儿童送去节日的慰问。

党员志愿者在古镇开展“保护村落，对话古镇”活动

党员志愿者在闽侯善恩园开展志愿活动

此外，我们的党员志愿服务队还紧跟时事需要，积极参与到各类志愿服务中。如在“建设美丽新福建”“福州市创建全国文明城市”等活动中充分发挥学生党员的先锋模范带头作用，引领广大青年学生争做有理

想、有道德、实践能力强、甘于奉献的青年一代，也为做好预备党员和入党积极分子提供良好的成长空间。

（三）通过“专业＋志愿服务”模式，寓学于用，让志愿服务成为助力学生成长成才的“新引擎”

外语系充分发挥外语专业优势，积极服务各类大型赛事活动，深入开展支教活动，组织学生进入幼儿园小学、社区机构开展专业教学，充

学生志愿者服务国内外重大活动赛事

分发挥第二课堂的优势反哺第一课堂，寓学于用，在实践中不断巩固第一课堂教学成果，拓宽第二课堂的育人功能，成为服务学生成长成才的“新引擎”。

一是服务大型赛会活动。近几年，外语系紧扣大型活动需要，积极选派志愿者做好赛事、活动服务工作。2014年，世界沙滩排球巡回赛福州公开赛，外语系有2人参与志愿服务；2017年，全国第一届大学生青年运动会，外语系有26人参与志愿服务；“2017福州丝绸之路国际电影节”盛会，外语系有46人参与；2018年，首届数字中国峰会，外语系有7人参与。专业的素质、良好的风貌、热情的态度，赢得了与会嘉宾的一致好评，充分表现出青年学生的良好素质与风采，提升了我校的社会美誉度。

学生志愿者赴武夷山大安村开展暑期教学活动

二是开展义务支教。外语系长期与福州市周边小学、儿童福利院、孤儿院等社区机构保持良好的合作共建关系。全系学生积极开展“大手拉小手，成长你和我”义务支教活动。志愿者们充分发挥外语特长，通过形式多样的教学方式，如外语配音、学唱外语儿歌、外语情景剧等，寓教于乐，让孩子们在感受外语乐趣的同时，提高外语学习兴趣，普及外语基础知识。

（四）通过“互联网＋志愿服务”模式，多元发展，让志愿服务引领创新公益“新风尚”

互联网的普及与发展极大地拓展了思想政治工作的空间和渠道，于是“互联网＋志愿服务”应运而生。外语系积极利用互联网优化服务，创新服务方式，提高服务效能，助推志愿服务多元化发展，引领了创新公益“新风尚”。

一是推进网上志愿者注册。外语系依托“志愿汇”手机应用程序的应用，完成了90％的网上志愿者注册量，登记在册志愿者已近千人。

二是推进志愿服务全员参与。基于互联网传播速度快，受众面广的特点，外语系积极运用“互联网＋志愿服务”方式，实现线下、线上相结合，让志愿服务精神感染每一位同学，取得了良好成效。2018年开展的“不忘初心跟党走·青春建功新时代”寒假大学生返乡社会实践活动，外语系学生结合社会实践活动，通过积极参与志愿服务，参加社会调研在微博上发表感想感悟。其中，以“旧貌·新颜”为话题的线上活动，通过“新老照片”对比体现改革开放取得的重大成就进行互动讨论，激发了广大青年学生积极投身家乡建设，参与志愿服务的热情。

以“旧貌·新颜”为话题的线上活动阅读量达23万余次

三是营造风清气正的网络志愿文明。按照习近平总书记重要指示精神，动员广大共青团员将先进性和担当精神延伸到网上，争当“中国好网民”，在网上积极发出“青年好声音”。外语系根据团中央工作部署，组建了一支“青年网络文明志愿者队伍”，深入推进网络文明志愿行动。利用清明节、青年节等时间节点，在微博、微信公众号上推出相关主题网络活动。

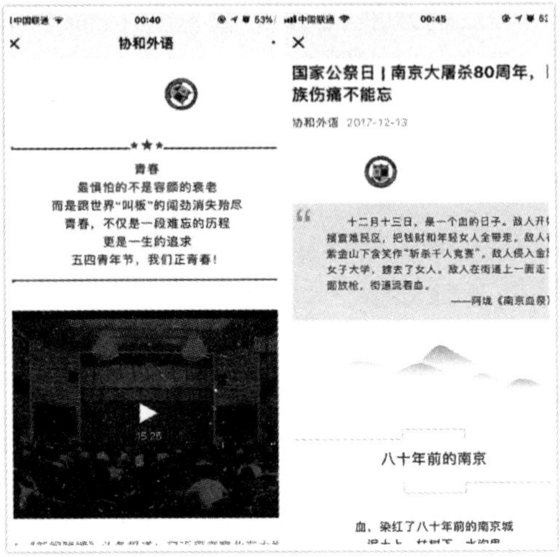

微信公众号上推出相关主题网络活动

此外，外语系还充分利用互联网平台，发布各类志愿服务信息，向志愿者定期推送志愿服务专业知识技能，不断提升志愿者的整体服务能力。

## 三、主要成效及经验

外语系坚持立德树人的根本任务，高度重视青年志愿服务工作，积极打造“4＋志愿服务”新模式，不断开拓第二课堂育人新阵地，取得了一定的成效。

（一）把志愿服务融入学生主题教育，引导学生在学中做，在做中学，不断提高外语系学子的政治素养和使命担当

2012年至今，外语系坚持与林浦小学开展共建活动，得到福州电视台、《东南快报》、东南网、《福州晚报》等累计30余次的报道。2016年“红色基因代代传·知行合一促发展”暑期社会实践活动，得到国家级媒体报道3篇，省级媒体报道4篇，市、校级媒体报道6篇。学生在各类志愿活动中，不断关注社会民生，关注弱势群体，极大增强了社会责任感与使命感。

（二）把志愿服务融入学生党建工作，引导学生党员“走出去”，起到表率标杆作用

2012年，“师者育才梦·学子成才梦·助力林浦梦”党支部立项活动获得省级“党支部立项优秀成果”；2014年，外语系2012级英语1班团支部开展的“爱心雨伞，情暖协和”团支部立项活动获评当年福建师范大学十佳团支部立项活动，该支部又于2015年获评“福建省五四红旗团支部”荣誉称号。

（三）把志愿服务融入学生社会实践中，引导学生发挥专业优势，拓展第二课堂新平台

外语系学生多次参与外语志愿服务工作，在实践中不断提高自身专业素养。2012年11月，“青春促发展——林浦旅游文化社会实践基地”被福建省教育厅、共青团福建省委确定为第二批省级大学生社会实践基地；2015年7月，外语系与阿里巴巴共建“阿里巴巴闽汕大区实践基地”，被福建省教育厅、共青团福建省委确定为第三批省级大学生社会实践基地。

（四）把志愿服务融入网络文明建设中，用新形式做传统工作，让志愿服务工作在新媒体中活起来

外语系积极探索运用新媒体技术，主动抢占志愿服务工作新阵地。坚持线上结合、线下活动，线上线下宣传互动，以“旧貌·新颜”为话题的微博活动的阅读量达23万余次，扩大了志愿服务活动影响力，产生了良好的社会效应。

经过几年的探索，外语系以育人为目的的志愿服务取得了成效，也有了相关的经验。大学生志愿服务活动，作为学生第二课堂的重要组成，最重要的还是离不开人才、阵地、机制三个要素。

1. 在人才培养上，外语系坚持发挥外语专业特色，在志愿服务的开展中，将专业优势与活动组织紧密结合，凝聚服务力量，服务社会需求，打造出了“爱在清晨”“寄情西部——温暖你我”旧衣回收等外语系志愿品牌，引领校园新风气。

2. 在阵地建设上，外语系以青年志愿者工作为纽带，全面整合系部资源，将主题教育、党建工作、社会实践等活动与志愿服务结合，打造全方位志愿服务新阵地。如“校地共建”，广泛引导大学生志愿者深入基层开展社会实践活动；以重大赛会为契机，广泛宣传志愿服务理念，提升志愿服务的整体工作水平。

3. 在机制保障上，外语系以志愿服务项目为载体，组建项目团队，形成项目化合作机制，在学生志愿者的培训、考核方面给予支持。同时，设置各年级辅导员担任指导老师，指导学生项目开展。

## 四、下一步工作设想

志愿服务工作的开展，为高校学生提供了多样的第二课堂活动形式，对学生思想引导、教育服务提供了新的平台，为第一课堂的开展提供了实践意义上的借鉴。在新的历史形势下，如何让志愿服务活动广泛覆盖青年学生群体，成为走近学生、引导学生的重要载体，是下一步工作的主要方向。

（一）紧跟时代规律，创新形式开展志愿活动

注重志愿活动的形式多样化，主动了解学生在网络时代的需求。如今的志愿服务活动已经不再局限于线下的共建，可以是“面对面”开展，也可以是“键对键”交流。“互联网＋”志愿服务形式，应该是下一阶段工作的重点。

（二）注重品牌推广，以项目化形式拓宽志愿服务渠道

通过品牌化运作，整合资源，强化品牌，做长效可行的志愿服务活动。品牌化运作，一方面可以在现有工作基础上，整合优化，让原来的工作更有规律、形成序列；另一方面，可以依托专业优势，加强专业老师的力量，以项目化的形式，将志愿服务活动作为第一课堂的实践环节开展，甚至可以考虑与企业合作，拓展项目的社会化渠道。

（三）加强团队建设，建立健全志愿服务新机制

既要“授之以鱼”，也要“授之以渔”。下一阶段的工作中，不断强

化“4+志愿服务”模式，强化志愿服务工作在第二课堂活动中的作用，建立合理的激励考核制度，增强学生参与的覆盖面。对优秀的青年志愿者予以表彰，甚至给予相应的学分冲抵学院公选课程作为奖励。在志愿服务项目的建设中，加强培训和指导，提高学生团队的专业素养。

（四）以赛促建，进一步强化志愿服务育人成效

在全国、省级、校级各类志愿服务赛事的基础上，通过开展院系志愿服务大赛、志愿服务月、十佳青年志愿者评选等系列活动，不断丰富志愿服务品牌建设。同时，加强对外交流，一方面让队伍在各类社会实践服务活动中学习；另一方面，积极与省、校、院等团队开展交流，学习各类先进做法、典型经验，进一步巩固志愿服务工作成果，强化志愿服务育人成效。

**项目负责人：**黄玉震

**成　　　员：**方晓洁　吴海燕　潘哲斌　林　蔚　陈　蔚

# 高校寒门学子素质提升计划

## ——从保障型资助向发展型资助转变

福建农林大学

党的十九大以来，以习近平同志为核心的党中央把扶贫开发工作提升至治国理政新高度。党的十九大报告提出“健全学生资助制度”“注重扶贫同扶志、扶智相结合”。为了实现“不让一个学生因家庭经济困难而失学”的目标，《国家中长期教育改革和发展规划纲要（2010－2020年）》明确提出健全国家资助政策体系。根据纲要要求，逐步建立完善了“奖、贷、助、补、减”的资助体系，帮助高校家庭经济困难学生解决实际性困难，并取得了一定成效。但在社会经济发展转型的新形势下，以经济补助为主的保障型资助已无法满足高校家庭经济困难学生的发展需求，并产生一些问题。例如，资助形式单一，育人效果不显著；忽视家庭经济困难学生群体心理问题；滋长“等靠要”的依赖心理等。因此，如何实现从“授人以鱼”的保障型资助向“鱼渔兼授”的发展型资助转变，是高校资助工作的重点和难点问题。

### 一、项目主题与思路

教育部发布《高校思想政治工作质量提升工程实施纲要》，规划了“十大育人”体系实施路径和方法，“全面推进资助育人”是其中一大体系。因此，“育人是资助工作的灵魂”。所谓发展型资助育人，是指高校通过物质资助，帮助家庭经济困难学生解决实际困难的同时，致力于提高学生自身综合素质，健全人格品性，促进学生全面发展的资助模式，是一种从心理辅导、实践能力等多种形式“输血型”资助到“造血型”资助的突破。

高校学生资助工作围绕“立德树人”根本任务，以社会主义核心价值观为引领，助学模式由保障型资助向发展型资助转变。主要体现在以下三个方面：一是学生资助工作理念创新。由“授人以鱼”到“鱼渔兼授”的转变，坚持育人为本，将学生全面发展作为资助工作的出发点和落脚点；二是学生资助工作模式创新。发展型资助改变以往行政化、以管代教的工作模式，更加注重受助者的主体地位，在遵循家庭经济困难学生成长成才规律的同时，结合个人发展需求，搭建成长成才平台，帮助受助学生自主、自强、自信地规划个人发展目标；三是学生资助工作形式创新。发展型资助丰富了资助渠道，根据受助学生的发展诉求和个人实际情况，制定多类别多层次的资助，包括思想、视野、技能、就业、创业、心理等，以适应新形势下社会人才的培养要求。

## 二、实施方法与过程

为切实解决家庭经济困难学生的就学保障和成长成才发展问题，新形势下高校应积极探索建立新型资助模式。制订科学合理的“高校寒门学子素质提升计划”，着眼于受助学生的可持续性发展，坚持育人为本为核心，以培养学生的能力素质和个性品格为价值取向，塑造学生诚信、感恩、责任等意识，努力形成“解困—育人—成才—回馈”的良性循环，实现“帮困扶志，助学立梦”的初心。

（一）项目内容“三部曲”

1. 从无偿性物质资助转向鼓励公益性资助。近年来，我国的高校资助政策已日臻完善，建立了较为完整的“一线式”资助政策体系，在资助政策几乎惠及所有贫困生的同时，也带来了一些不容忽视的现象：滋长少数学生“等靠要”依赖心理和缺乏自立自强精神、感恩意识等。因此，各学院可根据实际工作安排和需求，专门制定并出台相关的受助学生参加公益活动的管理办法，设置科学合理的志愿服务公益分，正面引导和鼓励家庭经济困难学生参加校院各种形式的志愿服务公益活动，培养家庭经济困难大学生感恩、诚信、奋斗、自强的品质，形成正确的成才观、就业观、价值观。同时定期跟踪和了解大学生参加公益活动情况，并将参加社会公益的情况和公益累积分作为评定国家奖学金、国家励志奖学金和其他各类社会助学金的重要依据之一。

2. 从传统经济资助转向育助并行的资助。注重物质资助，忽视精神关怀的保障型资助存在不少局限性。“高校寒门学子素质提升计划”实施的关键在于既要做好经济资助，又要做到经济帮扶与精神关怀相结合、解决经济困难与解决心理困惑相结合，以家庭经济困难学生的成长成才和全面发展为基本导向，让每个家庭经济困难学生对自己有信心、对未来有希望。以不同专业不同发展需求为目标导向，设立不同类别、不同层级的资助项目，将学业指导、心理辅导、职业规划、创新创业、技能提升、科研启蒙等项目融入资助项目中，针对家庭经济困难学生开展经验交流、社会实践、“师生一对一”帮扶等系列活动，满足不同年级、不同专业、不同兴趣爱好学生的发展需求。

3. 从单一保障型资助转向发展激励型资助。目前，高校资助工作的难点和重点要由过去单一的保障型资助向提升家庭经济困难学生能力发展和素质转变。启动“高校寒门学子素质提升计划”，以社会实践、志愿服务、其他社会服务类项目为载体，培养学生了解社会、适应社会和服务社会的能力；设立专门教育培训经费，专项用于资助家庭经济困难毕业生就业帮扶工作；开设寒门学子素质提升课程，包括能力提升、职场礼仪等教学内容；通过寻求校企合作，设立一系列针对家庭经济困难学生的实习实践岗位，培养大学生自立自强意识，提高社会实践能力。

（二）项目实施“四重奏”

1. 精心宣传：资助政策宣传和励志典型宣传。

（1）资助政策宣传。把握关键时间节点，有计划、有重点、有针对性地加强学生资助政策宣传。以福建高校资助育人“金融知识校园行”“资助政策乡村行”“家校关怀万里行”教育活动为契机，充分发挥新媒体宣传优势，积极引导和鼓励广大学生参与，让更多学生和家长了解资助相关政策，促进学生资助工作从保障型资助向发展型资助转变。

（2）励志典型宣传。学生资助工作坚持育人导向，将育人作为资助工作的出发点和落脚点。通过及时挖掘、大力宣传受资助学生成长成才典型，发挥榜样力量，开展感恩励志教育，引导学生在党和国家的关怀与资助中健康成长，使他们共同享有人生出彩的机会，共同享有梦想成真的机会，共同享有同祖国和时代一起成长和进步的机会。

资助政策送入田间地头，送入百姓家

2. 精准发力：精准认定、精准资助、精准管理。

（1）精准认定。严格按照《教育部办公厅关于进一步加强和规范高校家庭经济困难学生认定工作的通知》《福建省教育厅办公室关于进一步加强和规范高校家庭经济困难学生认定工作的通知》和《福建农林大学家庭经济困难学生认定和管理办法》的要求，科学规范地做好家庭经济困难学生的认定和管理工作，确保公平、公正、公开、科学合理地分配资助资源，帮助家庭经济困难学生在校安心学习，健康成长。采取学生本人申请、民主评议、学校和学院评定相结合的量化考核原则，保障家庭经济困难学生应助自助。

（2）精准资助。为帮助家庭经济困难学生顺利完成学业，学院根据实际工作需求，科学合理设置勤工俭学岗位，帮助家庭经济困难学生塑造自立自强、感恩回馈的良好品质。同时，针对学生突发状况而造成的临时性经济困难，学院经核实情况及时予以发放临时困难补助，做到学生求助有门、受助及时。此外，广泛吸纳各方社会力量的参与，为“高校寒门学子素质提升计划”添砖加瓦，提供必要的资金和丰富的资源，设立校院两级各类社会奖助学金，使家庭经济困难学生的成长成才得到国家、高校、社会多层次多角度的关注。

（3）精准管理。根据《福建农林大学家庭经济困难学生认定和管理办法》的要求，每位家庭经济困难学生有义务参加志愿服务或公益活动，每学年应不少于80小时。为此，学院制定了《家庭经济困难学生志愿服务与公益活动管理办法》，并精心设计制作“家庭经济困难学生志愿服务与公益活动登记卡”，认真实施家庭经济困难学生志愿服务登记制度。同时学院持续开展以“感恩从心，知恩于行”为主题的家庭经济困难学生志愿服务系列活动，设置科学合理的志愿服务公益分，正面引导和鼓励家庭经济困难学生参加校院各种形式的志愿服务公益活动，旨在培养学生自觉树立感恩观念、增强诚信意识，知恩于行，回报社会。

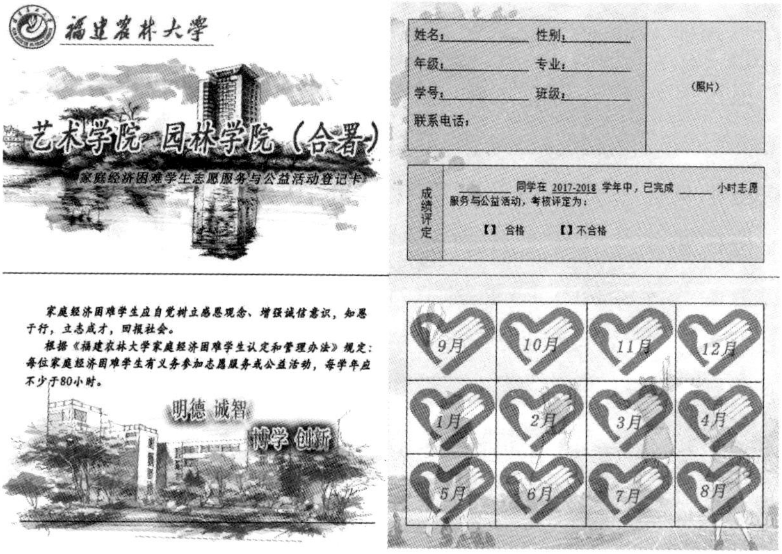

家庭经济困难学生志愿服务与公益活动登记卡

同时，根据《福建省教育厅、福建省档案局关于印发〈福建省学生资助档案管理办法（试行）〉的通知》《福建农林大学学生资助档案管理办法（试行）》规范学生资助档案管理，维护学生资助档案真实完整和安全，发挥档案的服务作用。

3. 精心打造：主题系列活动和起航帮扶计划。

（1）打造“感恩从心，知恩于行”主题系列活动。立足于将社会主义核心价值观融入资助育人全过程，构建物质帮助、道德浸润、能力拓展、精神激励有效融合的长效机制，形成“解困—育人—成才—回馈”的良性循环，学院结合实际工作和专业特色，精心打造“感恩从心，知恩于行”主题系列活动，包括“金秋九月迎新生，志愿服务暖人心”“为捐赠企业送新春祝福”“画说资助”“‘雷’励‘锋’行”“母校，我想对您说”“我参与、我奉献、我快乐”等形式多样、内容丰富的志愿服务公益活动。通过开展主题系列活动，在点滴中培育家庭经济困难学生争先创优的奋斗精神、自强自立精神，树立感恩、诚信意识，形成正确的成才观、价值观。

（2）打造系列起航帮扶计划。本项目着力于实现学生资助工作“帮困扶志，助学立梦”的初心，让每位家庭经济困难大学生都能同时代共呼吸，同时代共进步，成为社会有用之才。根据家庭经济困难学生发展需求精心打造多元化帮扶计划：心理帮扶，组织开展心理回访工作，帮助家庭经济困难学生增强适应能力和主动进取的信心；学业帮扶，关注家庭经济困难学生群体的专业学习效果、学习方法、专业能力掌握等，发挥优秀学生引领帮扶作用，举办考研考公等公益培训班，帮助困难学生更好地就业；创业帮扶，鼓励有创业意愿学生参与创业实践中来，积极为家庭经济困难学生搭建创新创业平台，提供创业指导和支持，实现“助人自助”的目标。目前学院共有 3 支由家庭经济困难学生成立的创业团队。

4. 校企合作和社会实践。

（1）校企合作。学院自 2012 年至今，前后共设立多达 13 项的社会奖助学金，由社会企业、校友、教职工等多方力量共同设立，包括宏旭达园林奖学金、中易景观园林奖学金、春风助学金等。学院鼓励家庭经济困难受助学生利用寒暑假深入企业参加实践活动，力求结合市场导向，深化产教融合，有针对性地培养人才，

家庭经济困难受助学生深入企业参加实践活动

注重学生实践技能，帮助家庭经济困难学生实现精细化培养、高位化就业的目标。

（2）社会实践。学院积极引导和组织家庭经济困难学生开展形式多样、内涵丰富的社会实践活动，大力践行社会主义核心价值观，培养学生了解社会、适应社会和服务社会的能力。学院组织西藏籍大学生赴西藏昌都开展“情系三农，青年先行”社会实践活动，用知识和智慧为地区发展贡献力量，推动精准脱贫与资助育人相结合。同时，学院持续开展“反哺助人”志愿服务活动，先后走进附属幼儿园、社区、福利院等，推动社会实践与专业能力培养结合。此外，利用寒暑假组织在校家庭经济困难学生开展“资助政策乡村行”政策宣传、“家校关怀万里行”精准家访活动，将国家资助政策送到田间地头，送到百姓家中。

## 三、主要成效及经验

本项目从设计到实施，广泛征求意见，在实施实践中不断完善，用丰富多样的形式吸引学生、感染学生，在春风化雨中提升学生综合素质的同时，使高校学生资助工作从“授人以鱼”的保障型资助逐渐向“鱼渔兼授”的发展型资助转变，以适应新形势下社会人才的培养要求。主要成效及经验体现如下：

（一）主要成效

1. 探索学生资助工作“新载体”。本项目以提升高校寒门学子综合素质为目标，以立德树人为立足点，以学生发展需求为出发点，始终坚持“鱼渔兼授”发展型资助理念，探索建立以物质帮扶为基础、精神激励为关键、能力提升为核心的资助模式。本项目将家庭经济困难学生的品质塑造与志愿服务相结合，将感恩教育与社会实践相结合，将技能提升与专业实践相结合，搭建学生资助工作“新载体”，让学生自觉践行社会主义核心价值观。

2. 推进学生资助工作“精准化”。党的十九大报告明确指出，“坚持精准扶贫、精准脱贫”。精准不仅是扶贫工作的基本要求，也是学生资助工作的基本要求。本项目实施过程中坚持“精准发力”，做到精准认定、精准资助、精准管理，确保家庭经济困难学生应助自助，充分发挥资助资金的使用效益，努力把好事办好、实事办实。

3. 发挥学生资助工作“育人功效”。本项目的实施坚持育人导向，将育人作为资助工作的出发点和落脚点，通过开展各项形式多样、内容丰富的活动，与教育教学各环节统筹协调，实现全员全方位全过程育人。在勤工助学活动开展环节，着力培养学生的劳动意识和自强自立精神；在国家助学金申请发放环节，深入开展励志教育和感恩教育；在国家助学贷款办理过程中，深入开展诚信教育和金融常识教育；在奖学金评选发放环节，培养学生争先创优的奋斗精神。

（二）主要经验

1. 精心设计：将育人同“双线”有机融合。项目通过结合学院专业特色、专业技能，精心设计“画说资助”“母校，我想对您说”“资助政策宣传微视频、微动漫”等形式的线上活动，引导家庭经济困难学生发挥专业技能，通过手绘、画笔、动画等形式讲述资助筑梦逐梦助梦全过程；线下开展贴近学生、贴近实际、贴近生活的各类志愿服务、社会实践等活动。形成线上线下“双线”联动，旨在点滴中将社会主义核心价值观融入资助育人全过程，培养学生争先创优的奋斗精神、自强自立精神，树立感恩、诚信意识，形成正确的成才观、就业观、价值观。

2. 典型示范：发挥榜样辐射引领作用。一个榜样就能筑起一座道德高地，就能形成一个扬善抑恶的辐射源。通过及时挖掘、大力宣传受资助学生成长成才典型，开展感恩励志教育，让每位家庭经济困难学生都对未来有希望、对自己有信心，激发昂扬斗志。

3. 全面关注：点面结合、重点关注。项目实施过程中始终将关注点置于家庭经济困难学生身上，通过谈心谈话、座谈会、沙龙等形式广泛征求意见，了解学生个性发展需求和目标，因时、因事、因势对项目实施方案做出调整，以适应保障型资助向发展型资助的转变。

## 四、下一步加强和改进的计划

（一）强化多方参与的发展机制

发展型资助工作模式更强调学生资助工作与高校多元化人才的培养要求相结合，注重与社会发展需求相接轨，向各行各业输送素质过硬、能力全面的优秀人才。因此，发展型资助工作模式不仅需要依靠国家和高校的政策和经费支持，还需广泛吸纳各方社会力量的参与，为“高校寒门学子素质提升计划”添砖加瓦，提供必要的资金和丰富的资源，形成国家、高校、社会多层次、多角度地关注家庭经济困难学生的成长成才。高校应与社会企事业密切联系，在奖助学金设立、实践基地建立、人才培养合作、就业培养等方面形成合力，促进高校经济困难学生全面协调发展，为社会输送优秀人才。

（二）建立受助学生的回馈感恩机制

发展型资助工作模式旨在培养受助学生奋斗精神、自立自强精神，树立感恩诚信意识。应大力鼓励受助学生在学业或事业有成的情况下积极向母校回馈感恩，通过回捐善款、技能传授、经验交流、专业帮扶、项目合作等形式回馈感恩母校。在受助学生中形成“学有先进，赶有榜样”的氛围，有助于培养学生感恩品质和责任意识，从而搭建可持续回馈感恩接力线，实现薪火相传，让更多曾经的受助学生为母校的发展型资助工作助力。

（三）提升学生资助科学化水平

学生资助工作是一项系统性强、复杂程度高的工作，要实现精准资助和资助育人的目标，就必须在加强法治化建设、规范管理的基础上，全面提升学生资助工作的科学化水平。首先，要不断创新资助工作方式方法，从行政推动到激励引导，变目标管理为过程管理；其次，要加强学生资助信息化建设，实现与各部门间信息互联互通。切实推进“福建助学”手机应用程序的使用，使学生资助工作向数字化、智能化、精准化目标迈出重要一步。最后，重视学生资助宣传工作，上下联动，整体推进。

**项目负责人：** 李涵诗

**成　　　员：** 曹　伟　李燕红　余　韵　秦　奋　马端山
朱逸涵　黄登良　林詹燚

# “心灵之声”音乐疗愈辅导员工作室

## ——基于音乐疗法的大学生心理辅导新探

华侨大学

党的十八大以来，习近平总书记十分强调人的全面发展和人的身心健康，高度关心青少年的身心健康和适应社会的能力。他指出，高校要加强大学生的心理健康教育，突出培养健康的身心和健全的人格，为青少年和大学生的健康成长创造良好的社会环境。然而，当代大学生的心理健康状态却面临着严峻的挑战。在日益繁重的学习、经济、就业等压力下，可能出现严重的心理健康问题，尤其是在环境适应、人际交往、情绪压力、方向选择等方面都表现出严重的焦虑情绪，这也极大地影响了大学生的心理健康水平。每年大学生因焦虑情绪引发的多种身心疾病，成为休学、退学乃至轻生的主要原因，也是影响高校稳定的突出因素。

音乐治疗法在我国是一种较为新型的治疗方法，不仅可以帮助大学生及时调适焦虑情绪，提高心理素质、排解负面情绪干扰，增强大学生心理承受能力，还能培养学生的健康情感，消除大学生活中各类人际交往障碍，培养学生的协作精神，开发创新思维，培养创新能力。

### 一、项目主题与思路

（一）项目主题

“心灵之声”音乐疗愈辅导员工作室专注于学生健康心理的养成，同时致力于学生心理问题的疗愈。以大学生心理健康教育与辅导为目的，以音乐这一深受大学生喜爱的艺术形式为载体，将理论与实践相结合，突出特色，打造大学生心理辅导模块中创新性与应用性并存、接受度与满意度兼收的品牌辅导员工作室。

（二）项目思路

《中共中央关于进一步加强和改进学校德育工作的若干意见》明确要求："通过多种方式对不同年龄层次的学生进行心理健康教育和指导，帮助大学生提高心理素质……"然而，随着信息大爆炸时代的到来，当代大学生在环境适应、人际交往、情绪压力、方向选择等方面都普遍表现出严重的焦虑情绪，以焦虑为典型特征的心理问题也越来越为高校教育工作者所关注和重视。

传统的心理辅导方式在井喷式的心理问题面前，显然遇到了瓶颈。一是传统一对一的咨询形式难以应对数量庞大的心理辅导需求。以华侨大学为例，泉州、厦门两校区心理中心共有咨询人员7名，需服务全校28000余名学生，咨询师配比低达2.5/10000，远低于发达国家水平。二是现行的团体辅导形式是由西方行为心理学的多种理论发展、引进而来，在我国大学生心理辅导过程中难以接地气、更难入人心。学生们需要一种创新的、乐于接受的载体来改善心理问题、提升健康水平。

虽然我国的音乐治疗学科起步晚、影响小，然而其在中国的渊源却远远不止学科成立的这20年。早在战国、秦汉时期，《黄帝内经》中便有"五音"与"五行"之间关系和运用于治疗疾病的论述。而在我国最早的一部记录先秦儒家音乐美学思想的巨著《乐记》中也有"是故其哀心感者，其声噍以杀；其乐心感者，其声啴以缓"的表述。可见，音乐调节人的身心是我国古代先贤的共识。

由此，项目组经过长期交流探索，认为音乐疗法可以同时对多个对象进行作用，既扩大了疗愈范围，又提升了工作效率，特别是在人际关系的改善和情绪障碍的缓解等方面有显著作用。如果能大面积推广，将能最大限度地造福广大受情绪问题困扰的大学生。

## 二、实施方法与过程

（一）项目初建阶段：2017.3.15—2017.4.31

1. 组织建设。建立组织机构，设立专门场所，制订工作计划和规划。

2. 制度建设。制定工作室工作职责、学习制度、培训制度等，确保工作室各项工作科学、有序展开。

3. 团队建设。组建一支理论与业务相结合的团队，明确分工，形成合力。

项目组成员分别为一线辅导员、学生工作者、心理咨询师，其中3人获心理学硕士、博士学位，4人拥有心理咨询师资格证书，均有丰富的理论基础及心理辅导经验，处理、干预过的心理问题个案逾百例；成员亦具备一定的音乐理论知识和教学实践基础，具备实施音乐心理辅导的技术条件。团队负责人获音乐学硕士学位，长期致力于音乐教育研究，音乐辅导、合唱训练等工作经验丰富；团队成员黄丹婷拥有钢琴十级、声乐九级证书，具备音乐疗法的多种技术能力。工作室依托华侨大学心理健康教育与辅导中心，有着强有力的理论、临床基础和良好的软硬件环境。

（二）调研策划阶段：2017.5.1—2017.5.15

1. 调研华侨大学泉州校区大学生心理状况，探寻音乐疗法可作用的重点对象。项目组面向泉州校区发放了550份调查问卷，问卷显示，86.24%的同学认为“聆听音乐能够改善心情”；62.74%的同学认为“如果能够接受专业的音乐疗愈，我愿意参与”。

2. 制订辅导计划和规划，明确工作目标、工作任务和具体组织实施办法。项目组将工作室内容设定如下：每学期开展一次“情绪障碍与音乐疗愈”专题讲座；每学期开设一门“舞动治疗”心理选修课程；每学期组建一个“音乐疗愈”长期朋辈互助群；每学期开展一次学术交流研讨；长期负责“合唱与疗愈”工作坊的运转。

（三）项目实施阶段：2017.10—2018.5.30

先分别招募团体辅导和个体辅导的对象；接着定期开展相应辅导，团体辅导一周一次，个体辅导视情况而定；同时，做好记录，定期讨论，探析音乐在心理辅导中发挥的积极作用。

2017年11月和2018年3月，“舞动治疗”心理选修课分别招募到团体辅导对象40名（名额限制），“合唱与疗愈”工作坊共招募对象80名。“情绪障碍与音乐疗愈”专题讲座共吸纳成员26名（名额限制），“音乐疗愈”朋辈互助群共有成员53人，每天分享一首好的音乐、推送一篇心理成长相关的微信公众号文章。在项目进行期间，我组各成员接待个案共计60余名。

同学们在《舞动治疗》心理选修课上体验音乐心理剧

工作室开展以来，主要采用接受式音乐疗法对个体进行心理辅导，运用“音乐引导想象（GIM）”等具体方法，帮助大学生探寻生命的意义，释放情绪压力，从而达到改善情绪障碍和相关躯体症状的目的。采用参与式音乐疗法对团体进行心理辅导，运用“吟唱疗愈”“鼓圈治疗”“舞动治疗”等具体方法，改善大学生人际交往障碍，帮助大学生摆脱自卑、焦虑、抑郁的阴影。

## 三、主要成效及经验

一是初步开拓了音乐疗愈服务的覆盖面。项目开展一年以来，工作室共服务心理困扰学生约300人，虽然情绪困扰的改善程度难以量化，但从后续的调查可知，73.33%的同学认为自己的“负面情绪得到了改善”。

二是初步探索了音乐疗愈与大学生心理健康关系的理论。通过长期的实践总结，并将其进行成果转化，在核心期刊《艺术教育》发表论文《当代大学生焦虑症状的音乐治疗初探》。

三是初步形成了稳定、长期的音乐疗愈团体。目前，“合唱与疗愈”工作坊成员稳定在60名左右，每周固定时间进行训练，在和声中学习协作、释放的同时，还收获了意外之喜——获得了福建省第五届大学生艺术节合唱展演省二等奖、校第一名的可喜成绩。

在歌声中宣泄情绪、洗涤心灵，“合唱与疗愈”工作坊每周的活动成了同学们最期待的盛会

四是初步搭建了音乐疗愈线上互助平台。手机被戏称为当代青年最亲密的朋友，如何通过这个“朋友”将音乐净化心灵的光辉照入青年的心中便显得尤为重要。工作室成立以来，“桑梓心桥”微信公众号精心挑选有高度、接地气的心理学自助文章；组建了“音乐疗愈”微信朋辈互

助群，在群中分享好音乐，陪伴彼此度过每一天。

五是初步建立了音乐心理健康服务体系。在学生入学后的各个阶段，以各种渠道为学生提供不同适应人群的音乐疗法，缓解部分学生的不同程度的病痛。在学校的官网、心理咨询网站共享一些能排解大学生焦虑情绪、提高心理健康水平的音乐，或者由治疗师借助纯音乐直接介入，以便能在第一时间帮助到同学们。

邀请临床经验丰富的校外专家，不定期举办“情绪障碍与音乐疗愈”心理沙龙

在取得一系列阶段性进展治疗的同时，项目组始终坚持三个“紧”的原则，力求疗愈心理的“未病”：紧扣主题，致力于为最广大同学的身心健康服务；紧跟时代，致力于对最前沿的课题进行探索；紧贴实际，致力于以最接地气的形式服务学生。

## 四、下一步加强和改进的计划

### （一）加强团队培训，提升工作水平

对已具有较强音乐能力并对音乐治疗有兴趣的老师、高年级学生，进行专业的心理师培训。如采用专家讲座、定期进修、自我学习等多种形式培养本校艺术专业学生、老师的心理咨询能力，建立一支高水平、高素质的音乐治疗师队伍。并且，将音乐治疗与思想政治教育相结合，以音乐治疗为切入点，帮助大学生树立信心，建立正确地对抗挫折的态度，增强抗压的能力，教育大学生在学习和生活中，要不断适应形势，适应日益激烈的竞争局面，逐步提高心理承受能力，培养学生百折不挠的精

神和坚韧不拔的意志。

（二）开展学术交流，扩大项目影响

当前，工作室的活动开展主要依赖于工作室成员既有的工作经验，以及在交流讨论中互相学习的经验。理论的系统性和前沿性不足，项目组下一步将邀请一些省内甚至国内知名专家学者来校开展相关活动，以专家的学术水平带动项目组的学术水平，以其影响力带动项目组的影响力。

（三）创建音乐治疗室、开设并推广音乐治疗课程

以华侨大学为例，可充分利用学校音乐舞蹈教学基地，在其基础上增添相应的心理教学设施。大学生可以在需要时来音乐治疗室以聆听音乐、跳舞、合唱、奏乐等形式来调适心情、排解焦虑紧张的情绪。也可以在全校范围内开设“音乐治疗”的选修课，将我国的民族乐曲，如古筝曲、二胡曲、琴曲等富含丰富文化底蕴的乐曲应用于音乐治疗中，将具有中国特色的音乐治疗逐步发展。同时，介绍一些音乐治疗的相关知识及心理问题的防范常识，使同学们可采用自助、自疗的方式调节内心焦虑、紧张情绪。

**项目负责人：**兰　萌

**成　　　员：**赵冰洁　郑黎鸽　张景聪　李小新　徐　翠　黄丹婷　邹萍萍

# 专业的生涯导航　温暖的成长陪伴

## ——华侨大学王晶生涯工作室

华侨大学

为深入贯彻学习全国高校思想政治工作会议精神，落实中共中央、国务院《关于进一步加强和改进大学生思想政治教育的意见》和教育部《普通高等学校辅导员队伍建设规定》，华侨大学高度重视“辅导员工作室”的建设工作，进一步整合资源，搭建平台，推动辅导员队伍职业化、专业化、专家化建设，更好地服务学生健康成长。“王晶生涯工作室”作为华侨大学首批重点资助建设的辅导员工作室，拥有一支怀抱梦想、充满爱心、敬业进取的专业团队，以“你成长路上，做最懂你的人!”为宗旨，致力于生涯教育领域的专业研究与实践。经过团队的共同努力，工作室已经形成一些阶段性成果，且成果具有专业性强、认可度高、易于推广等特点，有助于面向全校学生开展生涯教育，并为辅导员队伍的专业化建设开辟新途径。

### 一、项目主题与思路

在学校学生处、创新创业学院的大力支持下，工作室发挥生涯教育“创新试验田”的功能，探索生涯团体辅导、生涯咨询等创新方法，以微信公众号为载体，温暖地陪伴学生成长，帮助他们更好规划人生，从而获得全面发展。

（一）“专业生涯导航”保障育人方向

“王晶生涯工作室”在全校生涯教育师资队伍的培养上，强调“三个度”的培养目标：一是育人目标“认同度”，时刻坚信生命对生命的影响，远大于知识和技巧对生命的影响，在思想深处确立“教师是第一身份、教学是第一要务、服务学生是第一责任”的价值追求；二是生涯能力“成熟度”，提高觉察和预测能力，提升应变和处理问题的能力，给学生未来的发展提供更多的思想引导和行为指导；三是生涯教育“专业度”，教师不仅要具有相关理论背景，而且要有理论的实践，能够熟练将工具、技术运用于现实中的问题的解决中去，从而达到为学生答疑解惑的教育教学的目的。

（二）“温暖的成长陪伴”深化育人效果

团体辅导现场——分组指导简历制作

“王晶生涯工作室”团队成员全部为辅导员，在具体的工作中，围绕高校辅导员工作职责，贴近大学生思想、学习和生活实际，体现辅导员在教育引导大学生健康成长成才中的深耕细作，给学生一种天然的“亲近感”。通过“王晶生涯电台”、团体辅导工作坊、生涯咨询等形式，聚焦学生生涯发展面临的各种困惑，帮助学生进行学业规划、自我认知、生涯决策，并提供求职技巧、创新创业等方面的个性化指导，具有很强的操作性和实效性。同时通过微信公众号定期推送“有趣＋有用”的各类生涯发展主题内容，畅通与学生沟通交流的渠道，指导学生的学习、工作和生活。

（三）“创新的生涯教育”激发育人活力

“王晶生涯工作室”的活力体现在“创新”，主要包括理念、方法和载体上的创新。一是理念创新，突出“以学生为中心”的理念，在导向上强调生涯教育与思想政治教育相结合，发挥理想信念的引领作用。如“王晶生涯电台”在马克思诞辰200周年纪念日，推出“一起听马克思聊聊就业那点事”，给同学们选择职业时以启迪和指导；二是方法创新，力求突破单一的生涯教育模式。宣传载体向新媒体延伸，如“王晶生涯电台”的推出；组织载体向“辅导员工作室”品牌化发展，如“王晶生涯工作室”经过向主管部门、兄弟高校和广大师生的推广，已经形成较好的品牌效应；三是载体创新，活动载体向职业体验式转变，如开展“新零售一站到底就业能力大赛”，邀请见福便利店品牌创始人张利等企业家组成导师团，开展为期两周的实战指导。

## 二、实施方法与过程

“王晶生涯工作室”的预期目标为建立立体化、体系化的生涯发展辅导体系，主要包括三个方面的工作：一是生涯教育的宣传和普及；二是生涯咨询和个性化指导；三是学生活动与生涯体验。

（一）生涯教育的宣传和普及

1. 生涯发展主题电台“王晶生涯电台”

“王晶生涯电台”录音现场

通过工作室微信公众号和喜马拉雅等平台同步推送电台节目，内容涉及应聘面试、就业形势分析、生涯决策、职场适应等话题。同时，“王晶生涯电台”面向广大师生和社会公开征稿，征稿内容包括生涯规划指导、就业创业辅导、人物专访和案例分析、就业政策介绍与服务等，分享职业生涯的新观点、新思想、新发现，解决学生在自我探索、工作世界探索、职业决策与行动等方面的问题。

2. “王晶生涯工作室”微信公众号

“王晶生涯工作室”微信公众号长期致力于助力青年生涯成长，主要服务对象不限于应届毕业生，还可以为其他年级的在校学生提供服务。发展定位是以生涯教育为核心，集合信息发布、活动报名、职业测评、咨询预约、就业推荐等功能为一体的综合性的生涯发展服务平台。

（二）生涯咨询和个性化指导

1. 生涯发展团体辅导工作坊。作为职业生涯课程体系的有益补充，聚焦大学生生涯发展方面的团体辅导，涉及生涯体验与规划（学业规划、职业规划等）、生涯能力提升（人际沟通、团队凝聚力、逆商提升等）、生涯转换与实战（简历指导、面试指导、职场适应）等内容，能够更加深入关注学生的需求，为学生提供个性化辅导。

| 时　　间 | 地　　点 | 主　　题 |
| --- | --- | --- |
| 2017.3.25 | 厦门园博苑 | 学生干部生涯成长和组织凝聚力打造 |
| 2017.6.15 | 厦门校区综合教学楼 B505 | 模拟面试生涯团体辅导 |
| 2018.3.13 | 华侨大学大学生创新创业园 | 人生第一张名片（上半场） |
| 2018.3.17 | 华侨大学大学生创新创业园 | 人生第一张名片（下半场） |
| 2018.5.15 | 华侨大学大学生创新创业园 | 人生第一张名片（上半场） |
| 2018.5.22 | 华侨大学大学生创新创业园 | 人生第一张名片（下半场） |

生涯团体辅导现场（人生第一张名片）

2. 生涯发展咨询。配合职业生涯与就业指导教研室，开展生涯发展咨询工作，推进规范化管理、专业化服务。团队成员中有6人担任咨询任务，3人负责咨询室的日常管理。生涯咨询坚持服务在校大学生，做到一生一档、一生一解，帮助大学生解决在生涯规划、就业指导、团队创业等方面遇到的困惑和难题。职业生涯咨询工作分为“综合性招聘会现场一对一咨询服务”和“日常预约一对一咨询服务”两类，每场综合性招聘会将安排4—5名咨询指导老师现场为学生进行一对一咨询服务。日常预约一对一咨询服务工作则可在华大就业创业平台进行生涯咨询预约。

（三）学生活动与生涯体验

1. 整合学生活动资源。依托学生处、创新创业学院，整合校内外资源，为学生培养生涯规划意识，提升职业能力提供平台。积极推介“就业创业文化节”的各项富有特色的生涯体验活动，引导在校大学生规划自己的人生，明确自身定位，认清就业形势，转变择业观念，适时调整就业期望值，激励同学们有效规划大学生活，为将来的就业打下坚实的基础。其中品牌活动包括十佳职场精英挑战赛、职业生涯规划大赛、模拟应聘大赛、行业分析大赛、名企见习岗位应聘大赛等。

2. 推进“生涯体验教育”。生涯教育要真正对学生产生触动，要让学生能够身临其境，获得认知、情感上的真实体验。体验式生涯教育，能够有效促进学生生涯发展，促进学生自我概念的不断完善和整合。“名企接触零距离”是“王晶生涯工作室”生涯体验教育的重要组成部分，旨在向同学们提供一个真实接触企业的平

生涯团体辅导活动现场

台、感受企业文化氛围的机会，同时该活动是学校主动搭建校企合作平台的重要举措，为进一步开拓就业市场打下良好基石。

## 三、主要成效及经验

项目具有较好的工作基础和实际成效，在引导辅导员加强工作研究、深化实践成效、提升理论素养和促进辅导员工作规范化、精品化、科学化等方面，具有较强的借鉴意义和推广价值。

（一）主要的成效

1. 人才培养成效。“王晶生涯工作室”关注度和影响力不断增强，人才培养的成效初显。自 2017 年 4 月 15 日起至今，已制作完成六期“王晶生涯电台”，超过 4000 人次收听；微信公众号关注人数达 400 余人，月均推送图文量 5 条，单篇点击量最高达到 2929 人；开展六期生涯发展团体辅导，超过 100 人次参加，并且得到良好的反馈，包括对自信心建立、生涯目标明确、自我认识和生涯决策选择能力的提高等有明显的促进作用；组建 39 人的生涯发展咨询团队，累计接受 600 余人次的在校大学生咨询。工作室的王晶老师还曾做客厦门电台，担任直播嘉宾畅谈生涯话题；在线开设北森生涯全国专家实战精品课程公益讲座，单次点击量达 1450 余人次。在第 13、14 届就业创业文化节中，活动立项达 31 项，参加人数超过 2000 人。“名企接触零距离”迄今已经开展九期，共走访 62 家企业，包括美亚柏科、英博雪津、三棵树、七匹狼、天马微电子、泰禾集团等。在 2017 年全国“互联网＋”大学生创新创业大赛中，我校学子获国赛铜奖 2 项，省赛银奖 1 项、铜奖 6 项。团队成员雷云、高涵老师指导的华文学院刘苗苗同学荣获福建省第十届职业生涯规划大赛二等奖。

2. 理论研究成效。针对辅导员工作室建设和辅导员职业能力培养等问题，“王晶生涯工作室”成员发挥自身对辅导员队伍的了解，取得了一些阶段性的成果，获校级基金立项 1 项，出版专著 1 部，发表论文 5 篇。如高涵编著的《大学生思想政治教育路径探索与创新发展研究》（吉林大学出版社2016年版）、周超撰写的《高校辅导员职业生涯韧性强化探究——基于CGLC模式的分析》（发表于《高校辅导员学刊》2018年第2期）为辅导员生涯教育提供有益的理论和实践探讨。

3. 创新推广成效。将“王晶生涯工作室”作为“试验田”，按照“试点先行、平稳推进”的原则，促进各项创新举措的落地和广泛应用。运用团体辅导、微课堂、翻转课堂等创新型教学模式和技术，并推广至“大学生职业生涯规划与管理”“就业指导与创业教育”课程教学。探索通过“王晶生涯电台”“王晶工作室”微信公众号，扩大“生涯教育”的覆盖面和影响力。探索采用体验式教育，将专业理论知识学习和职业体验相结合，强化“课内课外相衔接、教育实践一体化”。

4. 队伍建设成效。“王晶生涯工作室”重视团队自身建设，通过开展集体备课、集体学习，提升成员的理论和实践水平，实现自我的成长。在关注学生生涯发展的同时，也为辅导员自身职业生涯提供指导和交流平台。近两年，配合大学生职业生涯规划与就业创业指导教研室，先后开展了两场高质量的培训活动，针对团体辅导、咨询实战进行指导，培训人数超过100人次。同时，作为首批重点资助建设的辅导员工作室，“王晶生涯工作室”积极探索辅导员专业化的新途径，产生了一定的示范作用。

| 时　间 | 地　点 | 内　容 | 授课老师 | 受益人数 |
|---|---|---|---|---|
| 2017.3.3—3.5 | 泉州校区机械楼437室 | GCT团体辅导培训 | 林欣 | 60 |
| 2018.1.11—1.13 | 厦门校区综合教学楼B505 | 生涯咨询实战技能训练 | 赵昂 | 40 |

（二）工作室建设经验

1. 突出学生主体地位。高校生涯教育和辅导工作实现了从一维知识教育向知识、技能、情感态度和价值观三维教育的转变。“生涯教育”是对个人人生发展基本路径的设计和规划，它既包括学生在毕业阶段进行正确职业选择的基本素养，也包括学生在人生发展的不同阶段做出科学职业决策的基本技能；既关注学生的现实需求，也关注学生的长远需求和终身发展能力。在“生涯教育”过程中，应以学生为本，激发学生，相信学生是自身问题的解决者，是自身职业的管理者。对学生而言，实现了从“你们教我怎么规划”到“我的职业生涯我做主”的转变，形成了“自发体验、自我管理”的学习基本特征。

2. 融入式教育提升成效。重视生涯教育与思想政治教育、创新创业教育、专业教育的融合。大学生思想政治教育实践中，往往存在着与大学生思想实际结合不紧，以及大学生全面发展的主体性不强、内在动力不足的问题，致使教育难以“入心入脑”，针对性不强、实效性不大，缺乏吸引力、感染力。立足于引导大学生实现由自发发展向自觉发展转变，“融入式”生涯教育为大学生思想政治教育提供了新思路、新模式。另外，“融入式”生涯教育有利于学生深刻理解自身专业、未来职业以及行业前景，巩固专业思想，使学生能够及时进入专业课程的学习，为学生未来的求职打下坚实基础。

3. 有效整合资源形成合力。“王晶生涯工作室”有效整合链接各类资源，包括现有的课程和师资、第二课堂体系，形成育人的合力。首先，依托学校完备的生涯课程体系，开展面向全校学生的生涯普及教育，开设“大学生职业生涯规划与管理”“大学生就业指导与创业教育”两门必修课和“大学生职业素养提升”“创新创业工作坊”“创新创业能力培养”等通识教育选修课。成功申报“大学生职业生涯规划与管理”获评学校“百优”课程建设，推动课程教学改革。其次，工作室秉持“开放、共享”的理念，面向全校辅导员、教研室师资和校外导师开放，让更多人参与进来，让更多的学生受益。学校于2012年正式成立大学生职业生涯规划与就业创业指导教研室，并组建了有教授、副教授、讲师、助教的梯队式的教师队伍，这几年教研室师资稳定在60人左右。建立了就业创业导师库，聘任陈方毅等121位具有创业经验和社会责任感的成功校友、企业家、各行业专家和学院优秀教师作为我校就业创业导师。

4. “成果导向”的人才培养模式。华侨大学办学面向海外、面向港澳台，坚持为侨服务、坚持为国家和地方经济社会发展服务，培养具有创新精神、实践能力、国际视野与社会责任感的服务海内外经济社会发展的高素质人才。在人才培养和生涯教育过程中，既要考虑学生的需求，也应满足国家和地方经济建设的要求。针对当前“学生所学”与“社会所需”“市场所需”可能存在的供需不匹配的矛盾，“生涯教育”发挥纠偏的作用，关注需求动向，了解对毕业生综合素质的关注点，实现人才培养模式从传统的“教学导向”到“成果导向”的转变。

## 四、下一步加强和改进的计划

（一）扩大工作室影响力和受益面，服务人才培养

扎实开展工作室生涯团体辅导、生涯咨询、生涯电台等特色项目，重视经验积累，不断改进和完善，与学生形成良性互动。同时，面向全体辅导员和教研室老师，吸纳更多志同道合的老师加入到工作室团队中，更好地推广生涯教育创新成果，并在相互学习、集体学习中提升辅导员队伍的专业化水平。

（二）加强特殊群体专题调研工作，开展科学辅导

依托“王晶生涯工作室”加大调研力度，特别是针对双困毕业生、工科女学生等特殊群体，探索人才培养规律，了解人才市场供求状况，思考问题解决途径。为工作室的相关辅导提供科学指导，增强工作的针对性和实效性。

（三）重视生涯核心能力评价反馈，实现持续改进

国外一直注重案例的跟踪研究，如哈佛大学跟踪研究75年“幸福是什么”，跟踪研究25年“目标深入影响孩子未来收入”。目前，生涯工作室开展案例跟踪数量较少，时间较短，对生涯教育和人才培养质量的反馈较少，暂时难以形成质量持续改进的有效循环。工作室近期将对团体辅导训练的效果进行跟踪，并计划对生涯咨询对象进行长期回访。

**项目负责人：** 王　晶

**成　　　员：** 陈竹林　胡　璐　雷　云　高　涵　周　超　杜銮燕　余惠武

# 不忘初心　服务在线

## ——创“向日葵”心理健康服务团

福建商学院

习近平总书记曾在全国高校思想政治工作会议上指出：“要坚持不懈促进高校和谐稳定，培育理性平和的健康心态，加强人文关怀和心理疏导，把高校建设成为安定团结的模范之地。”在《高校思想政治工作质量提升工程实施纲要》中，心理育人也作为十大育人体系之一被提出。大学生心理健康教育已成为高校思想政治教育的重要组成部分。为帮助在校大学生解决心理困惑，加强大学生心理健康意识和素质，促进大学生心理健康发展，充分发挥学校“学校—院系—班级—宿舍”四级心理健康教育工作网络和“朋辈互助”体系的作用，组建“向日葵”心理健康服务团。

### 一、项目主题与思路

（一）项目主题

“向日葵”心理健康服务团是一支以“助人自助、育人育心”为理念，以完善学校心理健康教育工作体系为目标，以服务学生成长成才为宗旨，以发挥朋辈互助作用为抓手，在辅导员组织辅导下，由大学生组成的心理健康志愿服务团队。

（二）项目思路

本项目以解决大学生所面临的心理问题为出发点，组建一支有责任、有爱心、有专业知识的志愿服务团队。通过树立一个工作思路，开展两项基础工作，打造三个精品系列的工作模式，针对服务对象的不同心理特点开展心理服务工作。通过一年多的建设与实践，“向日葵”心理健康服务团以辅导员自身的心理教育素质和心理教育背景为基础，融入心理健康教育、管理的情境，开展心理体验、心理分享、团体辅导、心理互动、心理情景剧等心理健康教育活动，倾听大学生心声、舒缓大学生不良情绪、解决大学生心理困惑，引导大学生积极、乐观、向上的学习态度和人生态度。服务团的工作模式如图所示：

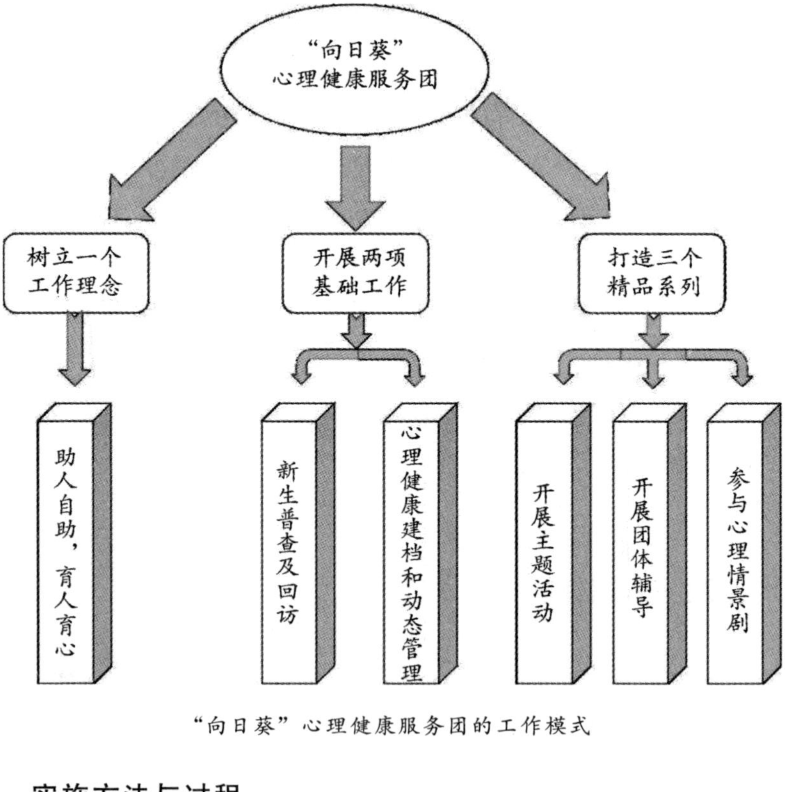


“向日葵”心理健康服务团的工作模式

## 二、实施方法与过程

（一）组建“向日葵”心理健康服务团

1. 以具有心理教育背景的辅导员为“带头人”。“向日葵”心理健康教育团所开展的活动内容需有心理专业知识支撑，也应了解大学生不同心理需求。目前，心理健康服务团由一名心理知识过硬、咨询个案经验丰富的辅导员担任团队主要负责人，其具有三级心理咨询师证书以及沙盘游戏咨询师证书。其他年级辅导员作为团队主要成员参与其中。

2. 以“心理健康服务团”为骨干。辅导员仅仅是心理健康教育活动的“带头人”，此外还要吸纳一群有责任、有爱心又接受过一定心理知识培训大学生作为“心理健康服务团”活动策划、实施的骨干力量。大学生作为主体自办活动，更有利于大学生自我教育、自我提高，更能贴近大学生心理健康的薄弱点，有利于快速发现问题、解决问题，从而充分发挥朋辈互助的作用，起到助人自助的效果。

（二）分析心理健康服务对象的需求

1. 不同年级、不同时期大学生的心理特点。每个年级大学生的心理问题有所不同。以福建商学院学生为例：大一新生初入大学校园，对大学充满了新鲜感和美好憧憬，但也有许多新生无法适应大学的学习、生活，对新的人际关系感到困扰，出现焦虑、压抑、消沉等负面情绪；大二的学生，经过一年的大学生涯，已经相对成熟，但各自独立的个性更为凸现，人际间的矛盾冲突更多；大三毕业班的学生，则更多出现对择业及未来人生的困惑，对未来人生的发展方向常常陷入迷茫。

因此，心理健康服务团所开展的心理健康教育活动必须对大学生所处的不同时期心理设计出有针对性的应对方案，以达到各年级学生都受益的效果。

2. 心理普测与日常排查相结合，分层分类提供心理健康服务。通过新生心理健康普查、心理委员日常了解以及辅导员回访，初步筛选一般服务对象、特别服务对象以及高度重视对象。针对不同的情况，开展具有较强的可操作性、可参与度的服务活动，使得受益面广、针对性强、效果突出。

（1）一般服务对象，通过形式多样的心理健康教育宣传与教育活动，开展契合大学生主流的班会主题和新颖、务实的活动形式。大学生的主动参与，使他们能在不知不觉间融入心理教育的氛围之中，矫正心理缺陷，促进心理健康发展。

（2）特别服务对象，通过新生心理健康普查发现的有指标异常的大学生，可以通过心理团训、心理情景剧、心理咨询等有针对性地开展活动。

（3）高度重视对象，对于在日常排查以及回访的过程中，发现有心理问题的学生，建立心理健康档案，跟踪学生近况。对于突发心理疾患的学生，能够按学校现行学生心理危机干预实施方案及时进行处置。

（三）开展心理健康服务团的特色工作

1. 树立一个工作理念，努力提高心理健康服务团服务水平。团队始终坚持以“助人自助、育人育心”为理念，以完善心理健康教育工作体系为目标，以服务学生成长成才为宗旨，不断探索创新心理健康服务模式，提高团队服务水平。

2. 开展两项基础工作，积极完善心理健康服务团工作体系。

（1）组织系部新生心理普查和回访工作。高度重视、积极推行心理健康普查，服务团成员积极宣传普查重要性，保证提交成功率。今年本系连江校区新生合计人数167人，施测率为100%。服务团负责老师对测评指标结果显示异常的32个新生进行回访，确定需要关注学生的名单，并以保密文档发给各自辅导员，以便辅导员后续追踪反馈。

（2）做好心理健康建档和动态管理工作。根据心理健康普测结果、日常特关排查情况、信息员反馈汇报以及心理咨询中发现的问题学生，建立问题学生心理健康档案，以便及时追踪特关学生的心理健康状况、重点监控危机个体。充分发挥信息员网络构架，即“院系（辅导员）—班级（班委）—宿舍（舍长）—每个学生”的信息网络，通过辅导员、班主任、学生党员干部及班级心理委员的作用，深入学生班级、宿舍，利用QQ、微博、微信等媒介及时发现问题，做到早预防、早发现、早报告、早控制，重点关注呈现不良心理的学生，给予心理疏导，积极主动同时又要合理合法地进行危机干预，必要时申请转介。

3. 打造三个精品系列，不断创新心理健康服务团教育途径。以“5.25”“10.10”为契机，在校心理中心的指导下，心理健康服务团积极举办心理健康知识海报宣传、开展心理情景剧、减压团体辅导、心理健康主题班会等丰富多彩的活动，使心理健康教育自然地融入学生们的日常生活，帮助大学生开发心理潜能，消除心理困惑，提高心理调节能力，增强挫折承受能力，培养良好心理品质，实现人格协调发展，促进高校和谐稳定。

5.25 开展“和谐人际，感谢友你”系列主题活动

（1）开展“和谐人际，感谢友你”系列主题活动，营造健康心理氛围。面向全系同学，在活动月期间开展的“和谐人际，感谢友你”系列主题活动，吸引了同学们积极参与。活动主要由三个部分组成：心灵剧场——班级大比拼——心语传递。班会的形式包括心理情景剧、心理团训、心理互动等，形式新颖，内容丰富，易引起学生共鸣。此次，心理健康教育主题班会将心理健康带进班级，增强大学生对心理健康知识的了解，引导大学生探索生活的积极意义，思考人生，以积极进取的态度对待学习与生活，营造愉快和谐的校园班级文化气氛。

（2）开展系列团体辅导，融汇体验式教育。为更好地了解学生的心理健康意识以及诉求，心理健康服务团开展了问卷调查。调查共发放问卷 100 份，对系部的不同专业的学生进行抽样问卷调查。调查共收回问卷80份，有效回收率80%。调查显示“学业压力”“人际相处”成为学生产生焦虑的主要原因。进而开展减压团训，来自不同班级的20名学生接受了团体辅导，通过辅导，学生释放了压力，得到了充分的放松，活动认同度高，取得了良好的效果。

开展心理情景剧《八八四十九》

（3）开展心理情景剧系列活动，构建学生自我展示平台。为积极筹备学校每年举办的校园心理情景剧大赛，心理服务团举办了心理情景剧剧本征集大赛活动，以剧本的方式让大家认识周边所发生问题，从而了解问题、解决问题，以此来塑造大家更加健全的人格和健康的心理。并选出优秀剧本排演作品参加校心理情景剧比赛，通过招募演员和排演，给同学们一个自我展示的平台。在第二届校园心理情景剧大赛中，剧目《八八四十九》取得了三等奖的好成绩。

## 三、主要成效及经验

（一）不断夯实队伍建设，激发“志愿服务意识”

1. 心理健康队伍不断壮大。团队建立之初仅有8名成员，后逐渐发展至拥有30名成员的大家庭。辅导员也跨系融合，过去每个班只有一位心理委员，随着心理健康服务团的完善、发展，许多大学生中有爱心、对心理健康知识有兴趣的大学生加入了服务队伍，“心理健康服务团”逐渐成形。虽然力量仍然薄弱，但每个人的加入都预示着队伍不断健康壮大发展，朋辈教育的有效作用也逐渐凸显，对大学生心理健康教育工作形成良好的示范作用。

2. “心理健康服务团”角色获得明确定位。“心理健康服务团”成员主要由非心理专业的大学生组成，其本身既是心理健康教育工作的服务者，也是心理健康教育工作的被服务者。

首先，“心理健康服务团”成员被定位为团队的“眼睛”，通过认真观察大学生的行为举止，了解大学生平时的心理状态，以便团队能够及时反馈大学生们的心理问题。

其次，“心理健康服务团”成员被定位为辅导员的心理助手，配合辅导员寻找大学生的心理问题，及时反馈大学生的各类心理问题，以大学生的角度提出心理辅导意见，使辅导员在做心理工作时能够更为及时、准确。

再次，“心理健康服务团”成员被定位为“学生心理辅导员”，为照顾少数大学生的情绪及心理，“心理健康服务团”成员某些时候也为这些有心理问题的大学生提供心理帮助，以减少其抵触情绪，在辅导员力不能及之处发挥作用。当然，在辅导的过程中，辅导员仍应当在背后为其提供帮助，助力其辅导获得较好成效。

（二）始终坚持朋辈互助理念，增强“团队精神”

团队精神是大学生心理健康的重要内容。心理健康服务不仅使得“心理健康服务团”成员的团队精神得以增强，而且其他参与的同学的团队意识也获得提高。大学生通过活动逐渐认识到合作的重要性，感受到团队协作过程中的快乐、爱心和信任，团队意识不断增强，减少了个体的焦虑心理，增强了自信，对形成正确的价值观和人生观具有正面意义。

（三）不断创新心理健康教育途径，打造“精品系列”

心理健康教育活动的目标是解决大学生心理健康问题。而不同的心理健康问题就需要确定不同的活动主题。从新生适应教育、各类成长小组延伸到了班级建设、单亲家庭工作坊、贫困生特殊群体工作等，团体辅导体现了方法的新颖性、对象的普遍性。它与主题活动、心理情景剧作为心理健康服务团的精品系列，在服务团成员培训工作、学生干部心理素质训练、班级凝聚力建设以及贫困生自我提升训练等方面发挥了重要的作用，以此来塑造大学生更加健全的人格和健康的心理。

## 四、下一步加强和改进的计划

（一）强化思想认识，健全工作机制

成立心理健康服务团的组织机构，有序开展心理健康教育活动。健全机制，多项制度并举，完善心理健康服务团的各项制度，进一步拓展心理健康教育服务团的功能。同时，完善设施建设，提升心理健康服务水平。建成功能明确、空间充裕的心理健康服务工作室，并配备相关设备和各种心理咨询实务的书籍，制定工作室的基本制度。这促进了心理健康服务专业化的发展方向，保证了心理服务的高质量，体现出厚重的人文关怀。

（二）充实工作力量，加大心理健康服务团队伍建设

积极鼓励团队成员努力学习心理学知识，参加各类心理健康教育培训和考试，同时，通过讲座、座谈、团训及朋辈经验交流等方式，丰富心理健康服务团成员的理论知识和工作技巧，以加强大学生心理健康教育工作队伍的建设。充分认识到朋辈教育的重要性，认真做好心理健康服务团特别是心理委员的培训和指导工作。他山之石，可以攻玉。通过“走出去，引进来”的模式，到其他高校调研，学习借鉴；同时邀请其他高校专业老师开展心理健康教育工作经验交流会，为心理健康服务团的成员进行专业培训，使大学生了解心理专业知识，增强心理工作的业务能力，提高处理突发事件的能力。

**项目组负责人：**吴蕴君

**成　　　　员：**吕晓丹　黎　琴　艾小林　廖发富　高尚鑫　赵雅婷　张鑫海

# 一个支点　五维联动　四面育人

## ——闽江学院公寓育人的创新探索与实践

闽江学院

《教育部关于进一步加强高等学校学生公寓管理的若干意见》明确指出："学生公寓是学生日常生活与学习的重要场所，是课堂之外对学生进行思想政治工作和素质教育的重要阵地"。宿舍作为大学生的第一社会、第二家庭、第三课堂，能够潜移默化地影响大学生的世界观、人生观、价值观的形成，加强、改进大学生宿舍思想政治教育至关重要。然而，在公寓育人的过程中，利益主体、管理主体的多元化客观上造成了公寓日常教育管理工作存在一些棘手的盲点，具体体现为多方管理中责任分工不够清晰、工作相互推诿、配合力度不足等问题，导致了学生公寓生活往往局限于"住"的层面，缺乏示范引领与文化浸润。鉴于此，必须在理顺管理各方职责与权限的基础上，在主要管理方统筹下，分工协作，形成合力，方能充分发挥公寓阵地的育人功能。

### 一、项目主题与思路

通过顶层设计，理顺各方的职责与权限，巩固学工处宿管中心这个支点，以此推进五维联动，分工协作，形成合力。同时，以五维联动带动四面育人，充分发挥公寓的德育功能，大力推进文明养成教育，促进公寓管理与学生思想政治教育的深度融合。

五维联动：宿管委管"总"、宿管中心管"统"、物业公司管"面"、各院（系）管"建"、学生自治组织管"检"的运行模式。

四面育人：服务育人、管理育人、文化育人、环境育人。

## 二、实施方法与过程

### （一）顶层设计明确权责，五维联动合力推进

1. 强化顶层设计，厘清部门职责。为加强学校学生宿舍管理，理顺各职能部门的工作关系，增强学生宿舍管理的育人功效，经学校 2017 年第十次校长办公会议研究通过，印发了《闽江学院学生宿舍管理工作意见》。

文件决定成立闽江学院学生宿舍管理工作委员会（以下简称“宿管委”），由校分管领导担任主任，学生工作处、后勤管理处、财务处、保卫处、资产管理处负责人担任副主任，负责指导、协调、监督学生宿舍管理工作。宿管委下设办公室，办公室挂靠学生工作处，由学生工作处处长担任办公室主任。在宿管委领导下，学校有关职能部门和各院（系）在学生宿舍管理方面做到职责明确、分工负责。

成立宿舍管理与服务中心（以下简称“宿管中心”）。宿管中心配备 1 名主任、2 名副主任、4 名工作人员，隶属于学生工作处，具体负责学生宿舍管理的日常事务，物业监督、考核，各院（系）学生宿舍文明宿舍创建和评选的指导，公寓文化建设及宿舍楼公共场所功能规划与调配，园区规划等。

2. 搭建宿管支点，推进五维联动。在宿管委领导下，理顺学校有关职能部门和各院（系）职责分工的基础上，学生宿舍实行“宿管委管‘总’、宿管中心管‘统’、物业公司管‘面’、各院（系）管‘建’、学生自治组织管‘检’的五维联动”立体运行模式。以宿管中心为支点，从纵向与横向分别与宿管委及其职责部门、物业公司、各院系和学生自治组织分工合作，形成合力。纵向：向上——向学工处、宿管委汇报年度建设规划及预算；向下——监督物业公司按照合同要求提供物业服务，指导校自律会和宿舍协管员开展学生宿舍的日常检查评比和文明建设，增强学生的自我教育、自我管理、自我服务能力。横向：每周以宿舍管理建设为主题召开各院（系）自律会指导老师会议，指导、协同各院系

开展文明创建及评选、学生的日常思想教育工作；与后勤处、资产处理顺职责关系，完成工作交接，并在此基础上，积极与财务处、保卫处、后勤处、资产处相关科室协调推进公寓管理与建设。

（二）宿管中心支点撬动，全员参与四面育人

1. 服务育人，以人性化服务获学生认可。

（1）改善物业管理质量。宿管中心于 2017 年 6 月成立后，便及时与物业公司对接，并建立宿舍协管员队伍，对学生宿舍楼的综合管理服务、卫生清洁以及门岗执勤等进行监督。同时，为提升公寓管理水平和服务质量，提请推进引进资质优、质量更好的物业公司。

（2）改善公寓硬件条件。面对学生饮水不方便问题，宿管中心按照国家饮用净水标准，提请引进直饮水公司，最终引进亚都净水科技公司。在宿舍楼安装直饮水机 287 台，实现宿舍楼层全覆盖的同时，强化监管杜绝高功率电器使用，既便利学生又保证了宿舍用电安全。设置自行车停车场 9 个，并安排宿舍协管员进行文明规范停车引导，解决自行车乱停放问题。

（3）畅通信息反馈渠道。为及时解决学生宿舍生活中遇到的问题，同时对物业服务进行有效监督，宿管中心设置了宿舍 24 小时服务投诉电话和投诉邮箱，第一时间解决学生反映的问题。

2. 管理育人，以规范化促文明养成。

（1）完善管理制度，以示范促规范。在梳理、总结、分析以往制度、流程的基础上，梳理学生宿舍办事流程 10 项，并修改和制定了《闽江学院学生住宿管理办法》《闽江学院学生寒暑假住校管理规定》《闽江学院学生宿舍文明检评办法》等宿舍相关管理制度 16 项，简化学生宿舍办事流程，在方便学生宿舍生活的同时，又能加强宿舍生活管理的规范化。

（2）开展检查督查，以他律促自律。宿管中心统一制作了宿舍文明标识，便于进行宿舍规范化管理。通过覆盖式的检查、督查、抽查等形式，发现问题并要求相应辅导员按照相关制度规定进行处理。主要检查、督查有：①辅导员周一、二、四、五上午 9：00—10：30 的日常宿舍文

明督查，每周26个检查组，每组检查一个楼层；②每天晚上围绕违规电器及其他违纪行为进行辅导员晚值班检查，一个晚上检查一栋楼；③每周三下午，各院（系）内务卫生自查、宿管中心周内务优秀宿舍评选或校自律会的内务卫生抽查；④开展禁止吊桶取餐、禁养宠物、禁止拉电线给电动车充电等专项清理行动。

3. 文化育人，以内涵化建精神家园。

（1）干部教师联系宿舍，浓厚全员育人氛围。为了让学生宿舍不仅成为生活学习的重要场所，更成为学生的精神家园，学工处推动出台《闽江学院领导干部联系学生宿舍工作实施方案》，包括校领导在内的202名副科级及以上领导干部担任“荣誉舍长”，引导学生成长、发展。即开展荣誉舍长“为每位宿舍成员建立一份成长档案，每月走访学生宿舍、与学生深入谈心至少一次，每学期至少召开一次联系宿舍学生座谈会，每学期与宿舍所在院（系）辅导员交流至少一次，每学年完成联系宿舍工作心得或总结至少一篇”的“五个一”行动。同时，各院（系）也积极开展教师联系学生宿舍活动，全校620名专任教师联系学生宿舍。

校党委书记担任荣誉舍长

校长担任荣誉舍长

（2）公寓文化蓬勃发展，带动全程育人节奏。宿管中心及各院（系）通过举办公寓文化节、走廊文化设计等活动，挖掘公寓文化内涵，努力通过公寓文化涵养学生的人格和情操。举办了“喜迎甲子校庆，宿说青春色彩”为主题的校第十五届公寓文化节，通过“青春碰撞——楼栋拔河比赛”“宿舍时光——追寻校友宿舍往事”“寓寓生辉——星级模范宿舍评选”等活动的开展，营造文明、和谐、阳光、有序的宿舍文化氛围。各院（系）亦举办了各具特色的公寓文化节活动，积极创建积极向上的文化育人氛围。尤其是各具院（系）特点的走廊文化，极大地提升了公寓文化品位，如文传学院的“论语上墙”、经管学院的“党员示范楼道”等。

模范宿舍

（3）舆论引导效应初现，补足全面育人短板。宿管中心打造“闽院小律”微信公众号和微博，共推文 524 条；制作《闽院筑巢新知》视频动画，并于学校广场的电子显示屏进行播放，大力宣传宿舍文明养成的内容及要求。同时，编印发放周内务优秀宿舍典型集——《把宿舍的日子过成诗》，公寓文化节活动之模范宿舍集锦——《带你开眼看“室”界》。

4. 环境育人，以品味化塑高雅氛围。为更好地推进“五进公寓”工作（思想政治工作进宿舍、辅导员工作进宿舍、党团组织活动进宿舍、学生自治组织进宿舍、安全保卫进宿舍），宿管中心依托院（系）开展“三室两厅”建设，即利用宿舍楼内活动间或者宿舍架空层进行“图书阅览室、文体活动室、考研学习室，创意共享门厅、党团服务大厅”建设，满足学生学习、生活、文娱等方面需求，构建积极向上的育人环境。

2017 年暑假期间，完成了 25 座楼的宿舍门厅美化，打造了创意共享空间——对宿舍门厅老旧残破宣传栏等进行拆除，统一粉刷墙面，更换宣传栏和安装电子显示屏，且以“环保”“碰撞的几何”“新生绿”“阅读”和“青春”为主题进行宿舍门厅装饰改造，打造宿舍共享空间，培育高雅向上的公寓氛围。

宿舍创意共享门厅

## 三、主要成效和经验

### （一）主要成效

1. 五维联动，运行合理，公寓管理无盲区。在宿管中心监管下，后勤物业公司基本完成了“面”的工作，即学生宿舍楼的综合管理服务。在宿管中心的指导下，各院（系）积极在“建”上下功夫，如外国语学院的依托“四个一”打造公寓文化建设工程、计算机系的“三个三”公寓思政工作模式、法学院的法苑馨居创建等。同时，在充分发挥校自律会“检”功能的同时，构建了区长、楼长、层长、舍长分级管理队伍和宿舍协管员队伍，实行内部督导检查和外围引导巡查相结合，做到公寓管理无盲区。

2. 服务提升，环境优化，氛围营造有特色。在督促后勤物业公司做好“面”上公寓管理工作的同时，2017 年 7 月以来，宿管中心服务投诉电话和邮箱，共接到学生服务投诉 118 件，每件投诉均给予解决或回复，帮学生很好地解决了相应的问题，得到学生的高度认可。而直饮水机的安装、自行车停车场的设置和共享空间的打造，更是极大地改善了学生住宿环境，尤其是宿舍门厅共享空间的打造，更是获得了师生的一致点赞。各院（系）也在环境优化中彰显特色，积极作为。共享空间在打造中，融入院系特色，充分发挥门厅的作用，如外国语学院的英语角、经管学院的灯塔服务站、海峡学院的“暖心书咖”；“三室两厅”建设上，外国语学院已建设完成，为外语学子学习、生活、文娱提供了很好的便利。

3. 管理规范，人文浸润，文明养成显成效。本着严管和厚爱相统一的原则，宿管中心及各院（系）通过检查、督查规范了学生内务整理、安全用电等生活、学习行为习惯，学生宿舍发生天翻地覆的变化；周内务优秀宿舍评选中，通过一学期3595间宿舍的实地走访，既真实了解了宿舍情况，又树立了优秀宿舍典型，并建立相应的奖励制度。领导干部进宿舍、教师进宿舍，为宿舍注入了魂，搭建学生与领导、老师交流沟通的桥梁。老师在为学生答疑解惑，引导学生成长的同时，也让学生对学校的政策、领导的初衷和老师的期盼有了更直接的了解。公寓文化节的举办，很好地展示了学生的青春风采，丰富了学生宿舍文化内涵，开启了校园生活健康模式；文明养成氛围的营造，不断正向传导第三课堂的文明养成。

| 学期 | 周内务优秀宿舍督查数据 | | | | 院（系）自查数据 | | | | | | | 自律会抽检数据 | | | | | | |
|---|---|---|---|---|---|---|---|---|---|---|---|---|---|---|---|---|---|---|
| | 检查间次 | 入围间数 | 获奖间数 | 不达标间数 | 检查间次 | 优秀间次 | 优秀率 | 达标间次 | 达标率 | 不达标间次 | 不达标率 | 检查间次 | 优秀间次 | 优秀率 | 达标间次 | 达标率 | 不达标间次 | 不达标率 |
| 2017—2018学年上学期 | 3595 | 248 | 118 | 461 | 52711 | 36431 | 69.11% | 51755 | 98.19% | 956 | 1.81% | 1637 | 1099 | 67.14% | 1553 | 94.87% | 84 | 51.13% |
| 2017—2018学年下学期 | 本学期无评选 | | | | 28794 | 25964 | 90.17% | 28517 | 99.04% | 277 | 0.96% | 339 | 300 | 88.50% | 333 | 98.23% | 6 | 1.77% |

通过一年的探索与实践，闽江学院“一个支点、五维联动、四面育人”的公寓育人模式取得了一定的成效，相应活动得到新闻媒体的关注与报道，学生已从“不理解，不接受”向“自觉遵守，自觉维护”发生积极转变，文明理念和习惯不断内化，文明养成教育不断深入。

（二）主要经验

1. 顶层设计，理顺关系是前提。就公寓育人进行顶层框架设计，在理顺各部门工作关系的基础上，构建公寓育人的支点——宿管中心，并明确其隶属与职责，明确五维的职责与作用发挥，破解因利益主体的多元化、管理主体的多方化所造成管理中责任分工不够清晰、工作相互推诿、配合力度不足等问题，实现公寓管理与思政育人的融合，方可充分发挥公寓的育人功能。

2. 制度保障，质量提升是关键。建立科学完善的制度，是确保各项工作顺利开展并取得成效的保障。《闽江学院第三课堂量化考评办法（试行）》《闽江学院学生宿舍文明检评办法》等制度的制定和修改，为督导检评、优秀表彰、违规违纪处理提供了明确的标准和依据。同时，从物业管理、文化建设、环境建设、思政教育等各方面提升质量和水平，满足学生软硬件上的合理诉求，得到学生的认可，方能可持续进行。

3. 文明养成，学生成长是目标。学生宿舍作为高校育人的重要场所，闽江学院努力把宿舍区建设成为融“思想教育、行为指导、生活服务、文化建设”等功能于一体的充满爱心、富有人情味、具有浓郁文化氛围的育人基地；同时，以学生文明养成为目的，不断提升学生“自我管理、自我教育、自我服务”的意识，增强学生“自我修养、自我完善、自我提高”的能力。

## 四、下一步加强和改进的计划

### （一）创新服务形式，构建“互联网+”服务模式

以服务获认可，以真诚获拥护，是公寓育人工作应有的态度。下一步在继续全面提升服务水平和质量的基础上，宿管中心还将加强物业管理人员与学生的沟通交流，以真心换真情，进一步发挥物业管理人员的育人功能。同时，进一步满足学生的服务需求，探索“互联网+”服务模式，开展共享洗衣机、水电查询等项目。

### （二）优化管理方式，强化正面引导

优化管理方式，减轻辅导员工作的机械化程度，拟提请安装人脸识别门禁系统，加强宿舍数据化管理力度。同时，根据一年的探索经验和

工作实际，修订相关制度，强化激励性项目设定，正向引导学生养成文明习惯，积极参与宿舍文明创建。

（三）加强院系联动，推进品牌建设

与院系的联动中，通过指导、帮扶等形式，进一步激发院（系）的主体性、主动性和积极性，引导院系打造本院（系）特色的公寓文化品牌，进而形成闽院特色公寓文化。尤其将重点推进“三室两厅”建设，不断推进“五进公寓”工作。

**项目负责人：** 王　文

**成　　　员：** 田军鹏　汪培南　邱晓娜　廖友国　林佩滢　翁若昕　傅丽萍

# 以学业发展中心为载体构建精准学业帮扶体系

龙岩学院

学业困难是各个层次学校均存在的一种普遍现象。一般认为，学业困难是指在智力正常情况下无法达到国家教学大纲要求而无法正常毕业。近年来，各高校大学生由于学业成绩不佳或未修够学分被留级甚至退学的例子屡见不鲜，甚至由此引发的极端自杀事件也不在少数，这对社会及家庭都造成了极大影响。由此可见，大学生学业困难是众多高校普遍存在的亟须解决的问题。通过了解学生学业困难的成因，帮助学业困难学生认清现状，建立一套高效优质的精准学业帮扶体系，使学业困难学生顺利实习及毕业是各高校需要解决的课题之一。

## 一、项目主题与思路

（一）项目主题

学业困难学生的帮扶一直是高校思政工作者高度重视的工作之一，本项目试在分析学生学业困难成因的基础上、构建学业困难学生帮扶体系。通过精准帮扶，既提升受助学生的学习主动性和学业成绩，也为品学兼优的学生和热心负责的教师提供助人平台，同时增进学生间、师生间的了解和情感；不仅使参与的师生共同受益，也进一步促进我校优良学风建设。

（二）项目思路

通过调查走访和座谈会等，发现造成部分学生学业困难主要原因可以总结为以下五点：

1. 适应能力弱，学习方法不当。学生进入大学后，面对众多改变往往不知道如何安排学习和生活，在学习上仍采用被动的接受方式。

2. 专业兴趣低，学习动力不足。一部分学生被调剂到现在所学专业，对本专业缺乏了解和兴趣；另一部分学生本身基础薄弱、对学习存在畏难情绪。

3. 自控能力差，学习态度不端。学生们的时间被手机、电脑和各类活动占据而难以潜心学习，同时缺乏积极向上的小范围学习环境。

4. 家庭经济难，学习保障不够。个别学生家庭困难，为缓解家庭经济压力而四处兼职，占用了大量的学习时间。

5. 语言沟通难，学习交流不畅。我校留学生和部分少数民族学生在就读前仅进行过半年或一年的汉语言学习，课程学习存在语言困难。

因此，要构建学业困难学生帮扶体系，必须结合学校的实际情况，考虑为品学兼优的学生和热心负责的老师提供助人平台，寻求解决以上五个方面问题的方法，真正帮助学业困难学生解决学习中的种种困难。

## 二、实施方法与过程

根据本项目的主题和思路，通过对造成部分学生学业困难主要原因进行分析，认为可以在我校成立学业发展中心（以下简称“学发中心”），为有学业困难的学生或有意进一步提升自我的学生提供一个较好的学习平台，实现精准学业帮扶体系。

1. 组建学发中心。学发中心由学生助教、专业老师和心灵导师三部分组成。首先，从各个专业的优秀生中招录热心、愿意为同学服务的学生做学生助教。为了鼓励成绩优秀的学生们参与进来，在志愿服务时长、勤工助学以及荣誉奖励等方面给予一定比例的倾斜。其次，与部分专业老师沟通，为学习上有困难的学生开设针对性强的专业课、公共课小班辅导。专业

龙岩学院学业发展中心教室

老师在辅导过程中，不单单是对专业知识的传授，更多的是对专业进行全面的介绍，同时让学生对专业前景有更清晰的了解，构建学生的专业兴趣与学习信心。再次，以艺术熏陶、心理团辅等为载体，邀请教学经验丰富、善于与学生沟通、乐意亲近学生的教师作为心灵导师，在轻松、平等气氛下，让学生敞开心扉，倾诉学习中遇到的困惑，让同学们能够爱学、乐学，在课余能有更多收获。

2. 开展学业帮扶。

（1）问题解答：由学生助教轮流值班，通过线上、线下双管齐下的方式解答同学们咨询的学业问题，线上答疑方式为添加龙岩学院易班"龙院小易"为好友后进行线上咨询，线下答疑方式为在固定教室进行面对面解答。并且设立预约辅导，由学生助教对前来寻求学业帮助的学生进行辅导，包括外语、高数等公共基础课以及部分专业课。

（2）学习互助：对于缺乏自控力的学业困难学生，由学生助教与之成立3—5人的学习互助小组，并申请固定的自习教室共同自习，小组成员之间起到互相督促、互相鼓励的作用。学生助教参与，既能起到榜样带头作用，也能发挥学习指导作用。

学生助教与部分藏族学生组成的学习互助小组

邀请我校老师为学业困难学生介绍当前就业情况

（3）专业咨询：设立专门的场所，邀请专业老师，以预约面谈的方式为学生提供个人或团体的咨询与指导，为学生答疑解惑，主要内容包括：学习方法指导、专业兴趣培养、管理制度解读、就业人生交流等。

（4）学业辅导：由学发中心安排相关专业的老师，为学习上有困难的学生开设针对性强的专业课、公共课小班辅导。同时在学生助教中选出优秀的学生担任教学助教，“以学促学”带动学业有困难的学生。

（5）主动帮扶：与教务处沟通，获取学业预警的学生名单，对于未到学发中心寻求帮助但又确实需要学业帮扶的学生，由学生助教与之进行积极沟通，了解情况后，由富有经验的学生助教和专业老师进行富有针对性的主动帮扶。

（6）院系延伸：通过学发中心的示范引领效应，充分发挥班级成绩优秀学生的带头作用，以一对一帮扶的形式，由学习成绩前列的同学、班级党员、入党积极分子等作为学生助教的延伸形式，帮助帮扶对象检查作业，督促、检查帮扶对象晚自习考勤情况，共同探讨帮扶对象提出的学业疑问，形成浓厚的学习氛围，潜移默化推动帮扶对象勤奋刻苦学习。

3. 促进学业巩固。

（1）学习沙龙：心灵导师以艺术熏陶、团体辅导等为载体，在轻松、平等的气氛下开展不同主题的学习沙龙，让学生能够敞开心扉倾诉学习中或者在生活中遇到的造成自身不良情绪的某些问题，让同学们能够爱学、乐学，在课余能有更多收获。

新老生经验交流分享会

（2）经验分享：每学期举行一些经验分享会，由优秀的学生助教向需要学业帮助的学生们分享如何合理安排时间、如何提高学习效率、如何克服学习压力等方面的经验；同时学发中心也与其他部门合作开展关于考研、四六级、公务员等方面的经验分享会。由此而改善学业状况的学生也可以成为新的学生助教，并参与到经验分享当中，这对于其他学业困难学生也是一个极大的正面激励。

（3）实习巩固：在不影响学生学业且找到适宜实习岗位的情况下，将学习成绩有一定进步的学生推荐到相关平台进行小范围的实习。实习期间，学生们既对所学专业有了更深的了解，同时也发挥专业优势，进一步利用和巩固所学知识，提升对自身学业的信心。

## 三、主要成效及经验

学发中心是一个多方共赢的平台，每一名学生都能在学发中心有所收获。同时，该成功经验可以推广到其他高校，由点及面，帮助其他高校实现对学业困难学生的精准帮扶。

1. 帮助困难学生“会学、乐学、勤学”。自学业发展中心启动以来，共帮助留学生7名（全校留学生10名，其中毕业班学生3名），新疆、西藏籍少数民族学生35名（全校新疆、西藏籍少数民族学生51名，其中毕业班学生12名）。与往年相比，挂科人次和科目均有所减少。帮助其他学业困难学生若干名，受助学生的学习主动性均明显加强。工作的要点如下：

（1）帮助学业困难学生提高适应能力、找到恰当的学习方法，做到“会学”，即：方法正确，习惯良好，效果显著。

（2）帮助学业困难学生对专业方向、专业前景有更清晰的认识，做到“乐学”，即：目标明确，动力巨大，兴趣浓厚。

（3）帮助学业困难学生通过学习互助小组等提升学习自律性，做到“勤学”，即：意志坚强，毅力持久，心态健康。

2. 训练学生助教“会答、会说、会教”。目前学业发展中心共有学生助教22名，负责运行维护的学生干部11名，这33名优秀学生不但帮助学业困难学生答疑解惑和学业辅导，也在助人过程中提升了自我；部分师范生还反馈，现在已经能完整地对部分章节课程进行小范围授课，并且得到班上同学的好评。工作的要点如下：

（1）训练学生助教巩固自身知识、完善知识体系，做到“会答”，即：问题明确，解答正确，思维严密。

（2）训练学生助教提高沟通表达能力，做到“会说”，即：表达清晰，反馈及时，态度耐心。

（3）训练学生助教利用好学发中心提供的锻炼和实践的平台，做到“会教”，即：输出有效，举一反三，授人以渔。

3. 引导专任教师“耐心、关心、爱心”。受邀的指导老师通过专业课、公共课小班辅导，以及为学生提供个人或团体的咨询与指导等，既能够帮助学生增进对知识的巩固、对老师的了解，也更能够帮助指导老师加深对学生们学习、生活、思想状态的掌握。与日常大班教学的单向输出不同，通过小班辅导和咨询指导，师生间的沟通互动显著增多，不但增进了师生间的感情，还提升了教学效果，达到良性循环。工作的要点如下：

（1）引导专任老师不要为了赶进度或者追效率而打击学生主动提问或者求助的积极性，做到“耐心”，即：不急不躁，心平气和，诲人不倦。

（2）引导专任老师多了解学生的个体性、差异性，提高教学方案的针对性，做到“关心”，即：观察认真，思考深入，因材施教。

（3）引导专任老师在教育过程中用自己的人格形象去教育和感染学生、用自己的行为习惯去影响和熏陶学生，做到“爱心”：即：为人师表，言传身教，热心奉献。

4. 促进我校优良学风建设的形成。学业困难学生的学习状态对整个班级的学风有极大影响，学发中心通过对学业困难学生的帮扶和学生助教的自我提升，能够促进学生学习自觉性与能力的提高、强化学生的自律意识，引导各班形成求知上进、团结互助、争先创优的良好班风，并逐步引导各班、各年级、各学院学生学习的自主性，进而营造良好的学习氛围，改善学风。学风建设是高校教学基本建设的重要内容，是全面推进素质教育，培养高素质人才的关键。同时这也为学校培养高级复合型应用型人才创造了更好的条件，着实推进学校学风建设。工作成效如下：

（1）上课迟到者、课堂低头族等群体明显减少，晨读、晨练、晚自习的学生增多，整体学习风气积极向上。

（2）培育出校“免监考班级”，目前已有14个班级约700余人通过“免监考班级”验收，在强化学生诚信考试意识等方面发挥示范作用。

（3）2017—2018学年，受处分的学生人数由上一学年的56人次减少至30人次，其中旷课由19人次减少至5人次，考试作弊由29人次减少至9人次。

## 四、下一步加强和改进的计划

学发中心正处于初步构建阶段，在诸多方面还并不完善，因此，在实施过程中还需要更进一步细化。

1. 加大前期宣传力度。学发中心运营还处于初期，知名度不够，还需要进行大力宣传。主要宣传途径包括以下三个方面：

（1）新媒体平台，如在学生工作处“龙院小联”微信公众号、“龙院小易”微信公众号以及龙岩学院易班网上继续进行宣传，此外还可以与宣传部合作，由学校官方新媒体推送学发中心简介等。

（2）由各学院辅导员老师定期在晚点等介绍学发中心的建设情况，方便学生在学发中心中找到对应的帮扶方式。

（3）由学发中心的学生助教和老师向周边的师生进行宣传，更重要的是接受帮扶后的学业困难学生以自身为案例向其他学生进行介绍，发挥出学发中心的“品牌”效应。

2. 完善预约辅导系统。由于学校专业众多，在安排预约辅导的过程中要注意合理、高效：在前期需要对学校挂科率高的专业和科目进行摸底考察，初步判断出学业困难学生急需帮扶的科目或课程。学发中心运行一段时间后，需要根据已预约的课程情况进行调整，最大程度发挥出预约辅导的效用。

3. 加强相关部门合作。学发中心不能单单依靠一个部门，在学发中心构建过程中，还需要加强与校团委、教务处、宣传部等多个部门的合作。如校团委学生会的学习部，可以对学发中心的管理模式起到示范和指导作用；教务处的学业预警，可以帮助学发中心找到先前未发现的学业困难学生；宣传部能够对学发中心的一些学习进步明显的案例进行正面宣传，起到正向激励的作用。通过各部门的通力协作，学发中心才能真正发挥出精准学业帮扶的作用。

**项目负责人：** 陈晴宇

**成　　　员：** 陈红英　陈秀香　陈江南　林　俊　郭明净　罗登来　吴　瑾　郭龙先